Couverture inférieure manquante

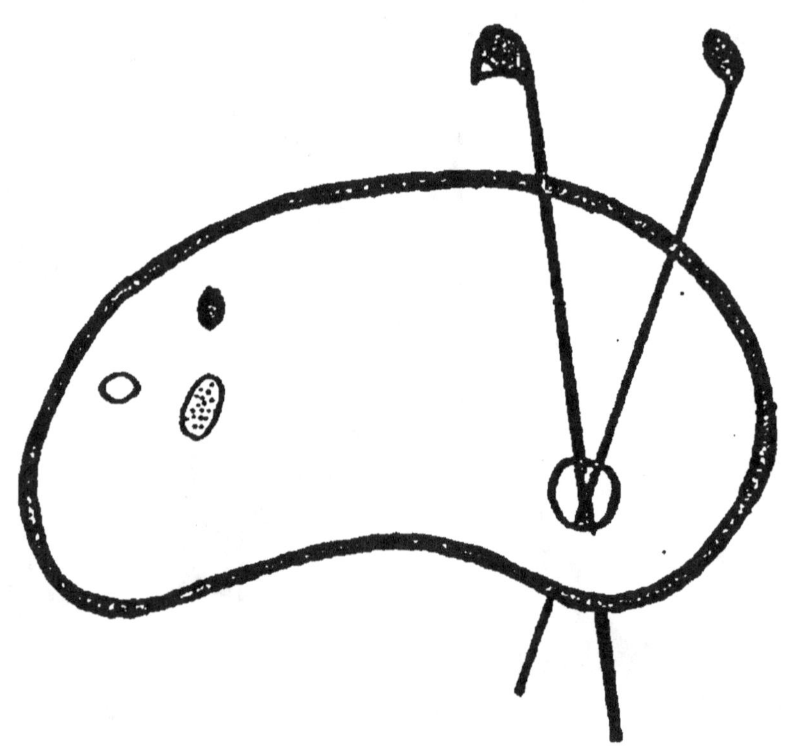

DEBUT D'UNE SERIE DE DOCUMENTS
EN COULEUR

Les Affaires
de la Lunade

ou

LA SAINT JEAN-BAPTISTE

A TULLE EN 1896

nées des *23, 24, 25 et 28 juin*

MDCCCXCVI

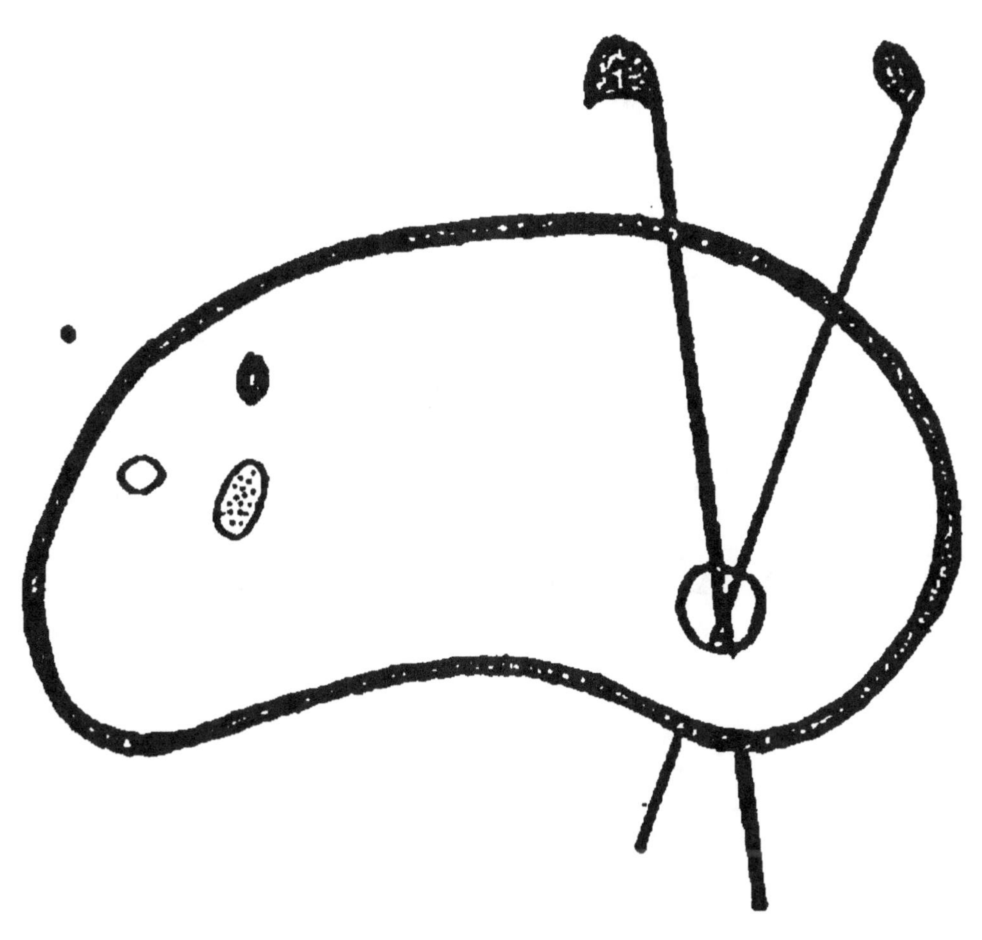

FIN D'UNE SERIE DE DOCUMENTS
EN COULEUR

Les Affaires de la Lunade

Les Affaires de la Lunade

OU

LA SAINT JEAN-BAPTISTE

A TULLE EN 1896

Journées des 23, 24, 25 et 28 juin

Investissement de la Cathédrale
Sortie de saint Jean
Nombreuses Manifestations
Revue de la Presse — Tavé — Valette
Appendice

TULLE

IMPRIMERIE DE JEAN MAZEYRIE

—

MDCCCXCVI

AVANT-PROPOS

—

Les incidents de la Saint-Jean, à Tulle, ont eu cette année un grand retentissement. Toute la presse s'en est occupée. Les grands journaux de Paris ont consacré de longs articles au récit de ces événements, qui ont jeté l'émoi dans toutes les consciences catholiques. L'agitation qui en est résultée est loin d'être calmée. Disons-le en toute liberté, il importe de la maintenir, de la continuer, de la propager même, car c'est une agitation salutaire, et, malheureusement, nous sommes trop habitués, nous, catholiques, à nous incliner devant le fait accompli. — « On a protesté, disent les timides, on a fait tout ce qu'il y avait à faire; il faut maintenant se soumettre : *dura lex, sed lex !* »

Eh bien, non ! nous ne nous soumettrons pas devant des arrêtés iniques, qui violent la première de toutes les lois : la *liberté!* Cette liberté, si on nous la refuse, ou si on nous la retire, nous la prendrons. Seule, la force brutale, la violence en un mot pourra nous arrêter.

Non, la loi ne peut jamais aller contre le droit. Non, ce n'est pas au nom de la loi qu'on décrète ces mesures d'ostracisme, c'est au nom de la pire de toutes les tyrannies, l'oppression des consciences. On le sait bien, le mot d'ordre vient des Loges, et, qu'ils le veuillent ou qu'ils ne le veuillent pas, qu'ils s'appellent Tavé ou qu'ils s'appellent Valette, ceux qui agissent ainsi se font les plats valets de la secte maudite. De plus, ils vont contre les principes mêmes de la République, contre la devise fameuse : Liberté, Egalité, Fraternité ! La fraternité ! il y a beau temps qu'elle a été remplacée sous la République des francs-maçons par la haine des classes ; et les discordes sociales qui nous divisent, et le socialisme qui gronde et nous menace, nous disent assez que dans notre société laïque et athée, la fraternité n'est qu'un vain mot. L'égalité ! peut-on seulement prononcer ce nom en ce temps de favoritisme à outrance, en ce temps où il suffit d'être catholique, de porter un habit religieux, pour être voué à toutes les persécutions, à toutes les vexations, à toutes les oppressions? La liberté! en fait elle n'existe plus, la preuve en est faite. C'est la licence qui règne partout sur les ruines de la liberté, et à Tulle particulièrement on nous fait, à nous, catholiques, l'outrage sanglant de nous mettre au-dessous de toutes les exhibitions les plus malsaines...

La *Semaine religieuse* avait donc raison d'insérer les réflexions suivantes dans son supplément du 30 juin :

« Après les événements qui viennent de se passer à Tulle et dont on a lu, ici-même, le récit émouvant, quelques réflexions s'imposent, car il importe d'en tirer des leçons pratiques et précieuses.

« Il a donc été constaté, et sans qu'il soit possible de s'y méprendre, que les libres-penseurs francs-maçons qui siègent au Conseil municipal poussent l'intolérance jusqu'au fanatisme.

« Une tradition six fois séculaire, les vœux unanimes de toute une population, les intérêts même du commerce local, tout a été sacrifié pour satisfaire de basses rancunes et des haines de sectaires.

« Les exhibitions les plus malsaines pourront s'étaler librement sur nos places publiques, les saltimbanques viendront obstruer nos rues, les chanteuses de café-concert promèneront, et le jour et la nuit, les appâts dégoûtants du vice impur, outrageant ainsi l'honnêteté publique, le F.·. Tavé, loin de s'en émouvoir, les couvrira de sa haute bienveillance et de sa puissante protection. Au besoin, il ceindrait son écharpe pour les faire respecter.

« Mais que les catholiques s'avisent de vouloir sortir de l'enceinte de l'église, pour exercer publiquement leur culte, il ne le tolèrera pas, et, s'il le faut, toute la force armée sera mise en mouvement pour faire exécuter les ordres qu'il reçoit du G.·.-O.·. et de l'*Intime Fraternité*.

« Voilà donc où nous en sommes, dans un siècle qu'on ose appeler le siècle de la liberté !

« Eh bien ! ce défi qui nous a été jeté comme une suprême injure, nous l'avons relevé. Ah ! sans doute, nous n'avons pu, ou plutôt nous n'avons pas voulu répondre à la violence par la violence, mais il nous a été permis du moins de lancer à la face de nos oppresseurs ces cris qui depuis longtemps étouffaient nos cœurs : *Vive la liberté! A bas les francs-maçons!*

« Cette fois du moins, nous savons à quoi nous en tenir sur le prétendu libéralisme de tous ces gens-là. Une fois de plus, nous les avons vus à l'œuvre, et, comme toujours, ç'a été pour nous opprimer, pour nous bâillonner, avec une lâcheté révoltante. Ainsi faisaient les Hérodes. Après avoir essayé de tous les moyens d'intimidation, ils en viennent aux menaces : c'est le chemin de la persécution. Déjà l'un d'entre nous vient d'être désigné à leurs coups. Mais qu'ils le sachent bien, nous sommes tous également coupables, si coupables il pouvait y avoir, et tous nous partageons et voulons partager la même responsabilité, la même gloire. Désormais entre eux et nous, il n'y a plus rien de commun en dehors des liens indestructibles de la charité chrétienne, et nous devons mettre tout en œuvre pour détruire et anéantir leur néfaste influence.

« Tulle s'est réveillé de sa torpeur. Nous entrons maintenant dans une phase nouvelle. Il ne s'agit plus de se croiser les bras et d'attendre que Dieu nous vienne en aide. Ne l'oublions pas : « Aide-toi, le ciel t'aidera. » Que les catholiques de notre ville, qui se sont si bien montrés durant ces jours et qui comprennent maintenant toute l'étendue de leur devoir, sachent l'accomplir jusqu'au bout. Leur mot d'ordre doit être : *Sus à la Franc-Maçonnerie !*

« Il ne s'agit pas de luttes politiques. La question est bien autrement grave, bien autrement importante. À tout prix, il faut sauver notre foi menacée, il faut revendiquer et reprendre notre liberté.

« On l'a dit, et nous aimons à le croire : aux dernières élections municipales, les électeurs ont été trompés, et certes, s'ils avaient pu prévoir les conséquences si désastreuses et si prochaines de leur vote, il n'eût pas été le même. Que cette leçon leur serve, et qu'ils se souviennent qu'au point de vue même de leurs intérêts matériels, ils doivent donner leurs préférences aux amis sincères de la religion et de la liberté.

« Que les catholiques influents, de leur côté, ne craignent pas d'arborer fièrement leur drapeau. Quand ils sauront, dans une union commune, exercer leur action, avec désintéressement, avec dévouement, pour le bien des humbles et des pauvres, ils seront bien près du triomphe, même à Tulle. »

En tout cas, dans cette page d'histoire ou dans ce drame qui vient de se dérouler à Tulle, nous voyons apparaître deux acteurs principaux, qu'il importe de remettre en scène, ou plutôt de *photographier* sur le théâtre même où ils ont joué leur rôle : d'un côté, la religion dans la personne de l'Évêque, du Clergé et des catholiques les plus honorables de la ville, revendiquant fièrement ses droits imprescriptibles ; de l'autre, la libre-pensée intolérante dans la personne des francs-maçons, violant cyniquement ces droits par la force brutale.

. Nous avons donc cru utile de réunir dans une brochure de propagande tous les détails de ces scènes émouvantes, qui, pendant quatre jours ont excité l'enthousiasme et ravivé la foi de notre chrétienne population.

Cette brochure constituera un souvenir précieux qu'on tiendra à conserver dans les familles. Ce souvenir sera lui-même un titre de gloire pour tous ceux qui ont fait leur devoir en ces tristes circonstances et il pourra, en même temps, réveiller tôt ou tard un remords salutaire dans l'âme de ceux qui nous ont infligé cet outrage.

Historique de l'interdiction des Processions
à Tulle

—

Le 17 juin 1881, l'avant-veille de la solennité de la Fête-Dieu, Monseigneur l'Evêque, se conformant à l'usage traditionnel, adressait à M. Charain, maire, une lettre l'invitant à prendre part à la procession. Il recevait le même jour cette réponse :

« Tulle, le 17 juin 1881.

    « Monseigneur,

« J'ai l'honneur de vous accuser réception de votre lettre de ce jour m'invitant à assister à la procession de la Fête-Dieu.

« Je dois vous prévenir que par arrêté de ce jour, j'interdis ces manifestations sur la voie publique.

« Veuillez agréez, etc.   Le maire : E. Charain. »

Voici ce premier arrêté du 17 juin 1881 :

« Le maire de la ville de Tulle, chevalier de la Légion d'honneur ;

« Vu les lois des 16-24 août 1790 et 18 juillet 1837,

« Considérant que les processions sont une gêne pour la circulation et une entrave pour les services publics,

    « Arrête :

« Article 1er. — Les processions sont interdites dans toute l'étendue de la commune de Tulle.

« Art. 2. — Ampliation du présent arrêté sera transmise à M. le Commissaire de police chargé d'en assurer l'exécution.

« A Tulle, le 17 juin 1881.   Le maire, signé : E. Charain.

Voici un deuxième arrêté du même jour :

« Le maire de la ville de Tulle, chevalier de la Légion d'honneur,

« Vu les lois des 16-24 août 1790 et 18 juillet 1837,

« Considérant que les processions sont une gêne pour la circulation et une entrave pour les services publics,

    « Arrête :

« Article 1er. — La procession de la Fête-Dieu qui devait avoir lieu dimanche 19 juin est interdite.

« Art. 2. — Ampliation du présent arrêté sera transmise à M. le Commissaire de police chargé d'en assurer l'exécution.

« A Tulle, le 17 juin 1881.   Le maire, signé : E. Charain. »

Le lendemain, Monseigneur écrivait la lettre suivante :

« Monsieur le Maire,

« Hier soir, M. le Commissaire de police est venu, de votre part, me notifier un premier arrêté interdisant d'une manière générale, *les processions dans toute l'étendue de la commune de Tulle*. Quelques instants après, il apportait un second arrêté interdisant *la procession de la Fête-Dieu qui doit avoir lieu dimanche, 19 juin.*

« J'aurai des observations à vous présenter sur ces deux arrêtés ; mais d'abord j'ai besoin de savoir si le second a pour but et pour conséquence de rapporter le premier, de telle sorte que la procession de saint Jean ne serait pas interdite, ni les processions particulières du deuxième dimanche. J'espère que, pour me tirer d'une pénible incertitude, vous voudrez bien m'honorer d'une prompte réponse.

« Recevez, etc.   † HENRI, év. de Tulle. »

M. Charain essaya de s'expliquer :

« Tulle, le 18 juin 1881.

« Monseigneur,

« En réponse à votre demande de ce jour, je m'empresse de vous informer que le premier arrêté qui vous a été notifié hier par le commissaire de police, a un caractère permanent et par suite ne peut être suivi d'exécution qu'un mois après que M. le Préfet m'en aura accusé réception.

« Le deuxième, relatif à la procession de demain, n'est pas sujet à l'approbation de l'autorité supérieure.

« Je vous aviserai en temps utile, pendant la période qui va s'écouler pour que l'arrêté permanent soit exécutoire, des interdictions que je croirai devoir prendre dans l'intérêt de la circulation.

« Veuillez agréer, etc.   Le maire : E. CHARAIN. »

De son côté, l'autorité militaire notifiait à Monseigneur le refus du piquet réglementaire :

« Tulle, le 18 juin 1881.

« Monseigneur,

« L'autorité municipale vient de me faire savoir que la procession de la Fête-Dieu n'était pas autorisée, je ne puis donc d'après les instructions ministérielles en vigueur vous envoyer le piquet réglementaire que vous m'avez demandé.

« Veuillez agréer, etc.   Général ETIENNE. »

La procession de la Fête-Dieu qui devait se faire le lendemain ne put avoir lieu. La population indignée se porta en foule à la cathédrale où Monseigneur prononça la protestation suivante :

« **Mes très chers Frères,**

« Ce jour qui devait être pour notre cité un jour de joie et d'allégresse vient de se changer en jour de deuil et d'indicible tristesse. Presque jusqu'au dernier moment nous avions espéré que vous pourriez encore accompagner en triomphe votre divin Maître dans vos rues pavoisées. Une mesure impie a changé cette espérance en douleur immense. La honte, la douleur, le deuil, voilà bien en effet ce qui a remplacé dans nos cœurs la joie, le triomphe et l'allégresse. Eh bien, oui ! nous sommes vaincus ! Ils triomphent ! Mais ils peuvent ricaner, ils peuvent manifester par des réjouissances et des signes sataniques la joie qu'ils en ressentent, je le dis bien haut, je le dis en toute vérité, et vous le sentez bien, mes très chers Frères, dans ces circonstances la défaite est infiniment plus précieuse que le triomphe. Pleurons sur leur péché ; qu'une sainte compassion nous anime : ils sont plus à plaindre que nous.

Quoi qu'il en soit, M. T. C. F., le premier besoin qui s'est élevé dans mon cœur en apprenant la triste nouvelle a été de vous adresser mes plus sincères condoléances, de pleurer avec vous du haut de cette chaire sur cet outrage fait à Jésus-Christ. Oui, M. T. C. F., je voudrais pouvoir vous adresser des consolations : car, je le sais bien, vous avez déjà protesté avec horreur et dégoût contre la violence qui vous est faite

Eh bien ! à mon tour, du haut de cette chaire, je dois, je veux protester avec toute la liberté et l'indignation de ma parole apostolique. Je proteste au nom des dix-huit siècles de foi qui rayonnent sur notre cité ! Je proteste au nom des trois siècles de chrétienne habitude qui avait vu chaque année Notre-Seigneur Jésus-Christ parcourir votre cité et recevoir publiquement vos hommages ! Je proteste au nom de vous tous, au nom de cette cité elle-même qui pleure de ne pas recevoir en triomphe son Roi, son Dieu, son Sauveur. Je proteste au nom de la liberté de conscience que l'on nous prêche tant et que l'on réduit pourtant chaque jour de plus en plus en liberté d'opprimer nos consciences.

« Ah ! si ouvertement on nous chargeait de chaînes, si on nous liait les mains, nous saurions peut-être supporter ces chaînes sans mot dire. Mais nous lier la conscience ! nous empêcher de rendre à notre Dieu les devoirs et les hommages que nous dicte notre cœur, arrêter la manifestation de notre foi ! Opprimer non une faible minorité, mais la grande majorité des habitants d'une ville, car ici, grâce à Dieu, nous l'avons encore, cette majorité, voilà, M. T. C. F., ce qu'un cœur catholique ne peut souffrir, sans s'indigner, sans frémir d'une sainte colère, sans formuler une courageuse protestation !... Voilà bien ce qui montre l'émotion que j'éprouve en vous adressant ces paroles, M. T. C. F., et que je vous prie de me pardonner. Oui, oui, encore une fois, je proteste contre la mesure froide et calculée qui nous a ravi au dernier moment notre espérance et notre joie. Je proteste contre les considérants qui sont donnés comme motifs de cette mesure : votre manifestation *gênerait la circulation et entraverait le service public*. Gêner la circulation ! Entraver le service public ! Nous qui n'avons que des paroles de paix sur les lèvres et dans le cœur ! Nous qui prêchons la concorde et l'union !... Mensonge et calomnie !!!

« O Jésus, restez donc confiné au fond de votre temple ! C'est bien assez déjà que nous vous y souffrions ! Mais gardez-vous d'en franchir les murs : vous gêneriez la circulation et entraveriez le service public ! Que ceux qui voudront vous honorer aillent à vous : il vous est défendu d'aller à eux !...

« Enfin, M. T. C. F., je vous dois une explication sur un bruit qu'on a fait courir. C'est moi, a-t-on dit, qui suis la cause de cette mesure, qui ai provoqué cet outrage. Et pourquoi ? Quel crime ai-je donc commis pour attirer ce châtiment ? C'est, dit-on, parce que j'avais convié les autorités civiles à cette fête qu'on a pris cette mesure de rigueur. J'avais cru pourtant être aussi poli dans la forme que bienveillant dans l'intention. Je m'adressais du reste à des chrétiens et à des dépositaires de l'autorité divine, qu'ils le veuillent ou qu'ils ne le veuillent pas, car toute autorité vient de cette source. Si ma démarche a été une insulte, je vous le demande, M. T. C. F., comment peut s'exprimer le sentiment humain ? Et après cela, ne semble-t-il pas que si je suis coupable d'un crime c'est d'avoir cru ces hommes meilleurs qu'ils ne sont, c'est de les avoir jugés trop bien ?...

« Ma démarche n'a donc pas été le mobile, encore moins la cause de cette mesure déplorable. Quel en est le vrai motif ? je voudrais pouvoir vous le dire ; mais j'aime mieux m'arrêter et me taire, en vous rappelant que Dieu seul a le droit de contrôler les intentions de l'homme : c'est lui du reste qui jugera.

« Pour nous, M. T. C. F., puisqu'on nous emprisonne ainsi si brutalement avec notre divin Maître, puisqu'on veut bien nous haïr avec lui, profitons de cette circonstance pour lui témoigner plus d'amour et que de notre cœur, percé par le trait de cette violence inattendue qui nous est faite, s'échappent des cris d'amour, des larmes de repentir. Comme ce divin Sauveur, chargeons-nous de ce crime public pour l'expier nous-mêmes quoique nous en soyons les victimes. A cet effet, au lieu des chants de triomphe qui auraient accompagné le passage de Jésus-Christ, nous entonnerons l'hymne du repentir, nous supplierons la divine miséricorde de pardonner ce péché.

« Quant à ce jour néfaste, quant à ce jour de deuil et de honte pour notre cité, qu'il soit un objet continuel de vos larmes et de vos regrets. Que le souvenir en reste gravé profondément au fond de nos cœurs. N'oublions pas que Tulle vient de commettre à son tour son crime public et que la malédiction divine pourrait bien en être la conséquence. Priez beaucoup, M. T. C. F., pour arrêter cette malédiction, et pour vous aider en cela, j'ordonne qu'à partir d'aujourd'hui, jusqu'à l'année prochaine à pareille époque, il soit chanté trois fois le *Parce Domine*, à toutes les bénédictions du Saint-Sacrement dans toutes les églises ou chapelles de cette ville. »

Le 20 juin, paraissait un troisième arrêté interdisant les processions qui devaient avoir lieu le deuxième dimanche de la Fête-Dieu, 26 juin :

« Le Maire de la ville de Tulle, chevalier de la Légion d'honneur;
« Vu les lois des 16, 24 août 1790 et 18 juillet 1837;
« Considérant que les processions sont une gêne pour la circulation et une entrave pour les services publics,
  « Arrête :
« Article 1er. — Les processions qui doivent se faire dimanche, 26 juin, sont interdites.
« Article 2. — Ampliation du présent arrêté sera transmise à M. le Commissaire de police chargé d'en assurer l'exécution.
« Tulle, le 20 juin 1881. Le maire, signé : CHARAIN. »

Or, le jour de la procession de saint Jean tombait, cette année-là, entre les deux dimanches de la Fête-Dieu : on ne l'avait point indiquée dans les arrêtés particuliers et l'arrêté général n'était pas encore exécutoire. On la tolérait donc. Monseigneur, à cette occasion, écrivit au maire une nouvelle lettre :

    « Tulle, le 22 juin 1881.
  « Monsieur le Maire,
« J'ai reçu communication de votre arrêté qui interdit les processions de dimanche prochain. Comme il n'est pas question de la procession de la Saint-Jean, qui doit avoir lieu demain, je compte la faire avec tout le clergé de la ville, suivant le parcours et la solennité des années précédentes. On me dit que des perturbateurs seraient capables de venir troubler l'ordre et la tranquillité de cette procession ; je ne sais ce qu'il peut résulter de l'état de surexcitation où sont maintenant les esprits. En tout cas, je vous prie de vouloir bien, s'il en est besoin, prendre des mesures pour nous assurer, dans cette circonstance, la protection à laquelle nous avons droit.
Veuillez recevoir, etc.   † HENRI, Ev. de Tulle. »

M. Charain ne contesta pas. Il répondit à Monseigneur :

    « Tulle, le 22 juin 1881.
  « Monseigneur,
« J'ai l'honneur de vous accuser réception de votre lettre de ce jour relative au Tour de la Lunade.
« J'avais déjà donné des ordres à M. le Commissaire de police pour qu'il place ses agents de façon à réprimer immédiatement les manifestations qui pourraient se produire.
« Veuillez agréer, etc. Le Maire de Tulle, E. CHARAIN. »

Mais c'était bien peu pour adoucir la douleur amère que le noble Prélat ressentait au cœur. Aussi, le 28 juin, il envoya à l'ennemi des processions la protestation magistrale qu'on va lire :

« Tulle, 28 juin 1881.

« Monsieur le Maire,

A la suite de différents arrêtés que vous avez pris pour interdire les processions, c'est pour moi un grave devoir de protester publiquement, par écrit comme de vive voix, soit contre cette mesure en elle-même, soit contre les circonstances qui l'ont accompagnée. Je parle ici au nom du clergé et des fidèles. En notre qualité de chrétiens et de Français, nous avons des droits inviolables, et si vous avez l'honneur d'être le premier magistrat de cette ville, c'est pour nous les garantir et non pour nous en dépouiller. Ils nous appartiennent et nous les exerçons depuis dix-huit siècles. Cette tranquille possession de notre culte extérieur et public n'a subi que de rares interruptions dans les jours désastreux de l'invasion étrangère ou de la guerre civile. Mais outre que nous avons encore pour nous le passé, nous sommes encore le nombre. Vous le savez très bien : c'est contre l'immense majorité des habitants de Tulle, contre leurs vœux et leurs intérêts, contre leurs croyances et leurs habitudes qu'ont été pris vos arrêtés. Vous le savez très bien, et c'est là sans doute ce qui explique vos hésitations et vos retards. De plus, nous avons pour nous le Concordat qui, après de longues et sanglantes années de persécutions, rendit à la France sa liberté religieuse, et auquel les lois ou règlements n'ont jamais voulu porter atteinte. L'article 1ᵉʳ est assez clair pour que tout homme de bon sens et de bonne foi puisse en faire l'application à la question présente.

« Est-il besoin de faire observer que toujours à Tulle les processions s'étaient faites à la satisfaction générale, avec un calme parfait et que cette année, comme les précédentes, il n'y avait à redouter ni trouble ni désordre ?

« Enfin il faut ajouter que le Concordat avait pour but, non pas de nous créer un droit, mais de nous le reconnaître. L'Église est une société parfaite, spirituelle mais visible ; elle a par sa constitution même le droit et l'obligation de se manifester au dehors ; dans son sein la liberté des consciences ne peut exister sans la liberté du culte public ; elle doit donc se sentir violemment et injustement persécutée par une mesure attentatoire à ses plus éclatantes solennités célébrées en l'honneur de l'Eucharistie qui est le centre de toute sa religion.

« Telle est, Monsieur le Maire, la question de liberté religieuse, de droit naturel, divin et humain, que vous rabaissez au point d'en faire une question de voirie.

« Comment donc expliquer les circonstances et la forme de vos arrêtés ? Ah ! si pour interdire les processions vous avez attendu jusqu'au moment où nos préparatifs étaient déjà faits et où nous nous croyions assurés de la joie du lendemain, Dieu nous garde de supposer que votre intention ait été de nous rendre l'outrage plus cruel et la douleur plus amère ! Au contraire, votre désir était bien de respecter nos droits ; vous avez dû lutter contre des instances et des obsessions redoutables. Ce n'est pas sans de longues luttes qu'on arrive à se mettre en contradiction avec les lumières de sa conscience chrétienne, avec le souvenir de ses déclarations antérieures, avec le sentiment public de ses plus honnêtes concitoyens, avec l'esprit et les traditions d'une si honorable famille.

Il est vrai, on a fait courir le bruit que, si vous avez interdit les processions, c'est parce que je vous avais invité à y assister. Vous êtes trop intelligent, Monsieur le Maire, pour avoir eu cette pensée, et je regrette qu'on vous ait fait l'injure de vous l'attribuer. Vous le savez, ces invitations étaient aussi bienveillantes dans le fond que polies dans la forme. Usitées dans tous les diocèses et faites cette année comme auparavant, elles s'adressent aux autorités, aux fonctions, sans tenir compte des personnes, de leurs antécédents ou de leurs sentiments. Bien entendu, il ne s'agissait nullement de porter des cordons du dais ; ce que, du reste, beaucoup d'illustres personnages considéraient autrefois comme un très-grand honneur. En tout cas, si par impossible, un arrêté eût interdit les processions à cause des invitations que j'ai faites, il ne ferait que rendre le mal pour le bien, et nous devrions le comparer à celui qui les a supprimées dans une commune rurale pour ne pas accorder au curé une faveur imméritée.

Pour vous, Monsieur le Maire, vous auriez pu motiver vos arrêtés par des considérants d'un ordre plus élevés ; mais, à tout prendre, peut-être valait-il mieux négliger toute la science administrative ou juridique qui en eût imposé à bien des esprits ; votre considérant unique et simple fera comprendre à tous ce qu'ils doivent penser et ce que vous pensez vous-même de vos arrêtés.

Maintenant, Monsieur le Maire, il faut vous l'avouer, je ne m'explique pas pourquoi vous m'avez d'abord envoyé un arrêté interdisant d'une manière générale toutes les processions. Etait-ce d'abord votre intention de n'en tolérer aucune ? Cette mesure ainsi prise au dernier moment, vous fut dénoncée à l'Évêché même, comme tout à fait illégale. Alors vous voulez procéder par interdictions particulières, et par un deuxième arrêté, vous interdisez la procession du Saint-Sacrement qui devait avoir lieu le 19 juin.

Dès ce moment, votre nouveau plan est deviné par tout le monde. Votre tactique savante consiste à garder le silence sur la procession de Saint Jean, trop populaire sans doute, pour que vous osiez y toucher ; vous la laissez interdite seulement par un arrêté qui, de votre propre aveu, ne peut pas encore être applicable. Oui, telle est la situation singulière que vous nous avez faite. Cette procession de Saint Jean, expressément interdite, n'eût été que tacitement permise, si je ne vous avais pas mis en demeure de vous expliquer. Mais ce qu'il y a de plus singulier, c'est qu'un troisième arrêté vient interdire spécialement la procession du Saint-Sacrement qui devait se faire le 26 juin. Voilà donc, entre ces deux dimanches où les processions de la Fête-Dieu sont interdites, la procession de Saint-Jean qui est au moins tolérée, sans doute comme n'étant pas « *une gêne pour la circulation, ni une entrave pour les services publics.* » Mais le motif de cette choquante contradiction n'est un mystère pour personne. Comme il est dit dans le récit de la Passion, les Pharisiens voulaient *éviter le jour de fête, de peur qu'il ne se produisît quelque trouble parmi le peuple.* Eh bien ! Monsieur le Maire, c'est un sentiment analogue qui vous est universellement attribué : on dit qu'à défaut de la crainte de Dieu, vous avez eu la crainte des hommes, et que vous avez été, comme dit notre poète : *Hardi contre Dieu seul.*

On a prétendu qu'il y avait là un calcul machiavélique pour me plonger dans un inextricable embarras, soit que je fisse, soit que je ne fisse pas cette procession de Saint-Jean, et pour me mettre effectivement dans l'impossibilité de contenter tout le monde. Que ce calcul soit éclos dans quelques têtes, je n'en suis pas étonné ; mais quant à vous, Monsieur le Maire, si l'on peut vous taxer de faiblesse, personne ne vous soupçonnera d'avoir eu cette méchanceté. En tout cas, sans me préoccuper des appréciations plus ou moins convenables qui pourraient se produire, j'ai sans aucune hésitation ordonné et présidé la seule procession qui nous fût permise, et je suis loin d'en avoir des regrets. Nous subissons la violence ; mais nous gardons le peu qui nous reste de liberté ; ce n'est pas notre faute si les processions du Saint-Sacrement ont été interdites ; mais c'eût été notre faute si nous n'eussions pas fait la procession de Saint-Jean. Elle nous a été une consolation et une espérance ; privés de faire cortège à notre divin Maître, nous avons glorifié et prié celui qui eut l'insigne honneur de lui préparer la voie. Ainsi, Monsieur le Maire, nous avons mis à profit votre manque de logique et de courage, qui n'était peut-être au fond qu'un reste de bienveillance.

Mais à vous pourtant la responsabilité de l'immense lacune faite à notre culte, du deuil profond dans lequel vous avez changé la plus belle de nos fêtes, et surtout de l'outrage infligé au Sauveur dans une ville éminemment catholique !

« Je sais qu'à l'encontre de nos plaintes, vous avez reçu des approbations, mais loin d'être pour vous un dédommagement et une excuse, elles ne seront qu'une condamnation de plus. Oui, il y a plusieurs de nos concitoyens, des chrétiens également oublieux de ces deux titres, qui sans rien gagner à la liberté de la *circulation et des services publics*, ont eu le triste courage de célébrer notre douleur comme leur triomphe et leur joie. Convenez-en, Monsieur le Maire, ce sont là de fort mauvais sentiments ; mais s'il faut plaindre ceux qui les éprouvent et les manifestent, ne faut-il pas plaindre également celui qui, par occasion, a eu le malheur de les satisfaire ?

« Cette lettre, Monsieur le Maire, est écrite et sera publiée pour l'acquit de ma conscience; si parfois elle vous paraît sévère, je crois pourtant qu'elle n'a été inspirée par aucune autre passion que celle du bien des âmes. En tout cas, vous me pardonnerez, comme de tout cœur je vous pardonne, quoique vous m'ayez profondément blessé, moi et tout le clergé et tous les bons chrétiens de Tulle.

« Veuillez, etc.　　　　　　　　« † HENRI, Ev. de Tulle. »

L'année suivante, M. Charain n'était plus maire. Monseigneur adressa à M. Borie, son successeur, la lettre suivante:

« Monsieur le Maire,

« Vous vous rappelez sans doute ce qui s'est passé, l'année dernière, au sujet des processions dans la commune de Tulle. Pour dissiper toute incertitude et dégager toute responsabilité, je vous prie de vouloir bien me faire savoir si désormais toutes les processions sont interdites, même celle de la Saint-Jean qui jusqu'à présent ne l'avait pas été.

« Veuillez, etc.　　　　　　　　† HENRI, év. de Tulle. »

M. Borie, obligé de se prononcer sur l'arrêté municipal concernant les processions, reconnaissait comme légal le « Tour de la Lunade » en répondant à Monseigneur :

« Tulle, le 9 juin 1882.

« Monsieur l'Evêque,

« Le Tour de la Lunade ne me paraissant pas compris dans les processions interdites par l'arrêté de mon prédécesseur, en date du 17 juin 1881, j'estime qu'il peut avoir lieu, mais en se conformant aux vieilles coutumes en ce qui concerne l'itinéraire et les heures.

« Veuillez agréer, etc.　　　　　　　　Le Maire, BORIE.

En outre, il adressait aux habitants de Tulle la proclamation suivante :

« Mes chers concitoyens,

« Il est d'usage d'interdire par un arrêté de police le jet des fusées sur les passants le jour du Tour de la Lunade.

« J'ai pensé qu'il me suffirait de faire appel à votre concours en cette circonstance pour prévenir les accidents et empêcher que l'ordre public ne soit troublé.

« Je serai fier si vous voulez bien justifier la confiance que je place dans nos sentiments réciproques de dévouement.

« BORIE. »

Ainsi donc, jusqu'à présent, on avait librement fait le « Tour de la Lunade » et certes rien ne pouvait faire douter

d'un droit que le chef de la Municipalité avait lui-même for-
mellement reconnu.

D'après M. Borie, l'arrêté général de M. Charain ne visait
pas la procession de saint Jean-Baptiste. Comment se fait-il
donc que le simple rappel qui en est fait par M. Tavé ait un
mérite supérieur à celui de l'original ?

Je ne puis que poser cette question.

M. Tavé a commencé par la trancher en faveur des F∴ M∴.

La manifestation consolante dont on va lire le récit émouvant montre bien que cette solution arbitraire n'est pas du
goût de tout le monde et qu'on peut la considérer comme une
illégalité.

Voici du reste comment l'appréciait le *Corrézien*, au point
de vue juridique, dans son n° du 30 juin, après avoir publié
lui-même les documents ci-dessus :

« Donc, pas de doute : la procession de la Lunade était officielle-
ment autorisée, et tellement bien autorisée que pour la comprendre
dans une interdiction *nouvelle*, le Conseil municipal en avait délibéré *négativement* le 20 juin 1893 et grâce à l'illégalité voulue par
M. Tavé (J.-B.) de ne pas user de sa voix prépondérante de maire.

Mais il en avait délibéré *affirmativement* le 29 mai 1896, et un
arrêté pouvait très bien être pris par le maire pour assurer ce vote.
à la double condition qu'il fût *approuvé* par l'autorité préfectorale
et *signifié* aux intéressés

Or, M. Tavé n'a PAS PRIS D'ARRÊTÉ NOUVEAU, et n'a même
PAS FAIT APPROUVER son « avis » par le préfet ; et M. Tavé ne
l'a PAS fait SIGNIFIER au clergé de la cathédrale ! ! !

Ainsi, nous le répétons, M. le maire de Tulle Tavé (J.-B.) a OSÉ
RÉQUISITIONNER L'ARMÉE, provoquer les SOMMATIONS d'ordre, risqué l'EFFUSION DU SANG, sans avoir le droit d'agir, ni
surtout de FAIRE AGIR L'ARMÉE comme sa police ? ? ?

Est-ce une incurie honteuse ?

Est-ce une folie coupable?

Mgr Denéchau en s'arrêtant devant le commandant de gendarmerie Costa ne savait-il pas qu'il pouvait franchir le seuil de la
cathédrale ? ou bien n'a-t-il pas voulu, ayant la loi pour lui, pour
le clergé et pour les fidèles, risquer un conflit épouvantable ?...

Nous ne savons qu'en penser.

Ce que nous pensons, par exemple ! c'est que si le *Corrézien*
avait connu *les lettres de MM. Charain et Borie,* livrées depuis

à sa publicité, et s'il avait eu, ce qu'il a à présent, la certitude d'une absence complète d'*approbation* de la préfecture et de *signification* non pas même d'un arrêté nouveau mais d'un FAUX AVIS au public il aurait carrément annoncé que ni M. le chef de bataillon Wetzel (1), ni M. le chef d'escadron Costa, ni les soldats à pied, ni les gendarmes à cheval, ni les agents de police lancés, ni les municipaux cachés n'avaient le DROIT d'arrêter les croyants, les superstitieux ou les frondeurs, soit par des procès-verbaux, soit surtout par des armes ! ! !

Et si on avait voulu aller jusqu'au bout, il était bel et bien responsable de tout, et du SANG s'il y en avait eu, M. le maire Tavé (J.-B.) !

Mais une autre question se pose...

Il y a PLUSIEURS RESPONSABILITÉS en jeu, car si M. le chef de bataillon Wetzel a fait mobiliser la garnison et si M. le chef d'escadron Costa a commandé la gendarmerie, comment était donc libellée la réquisition ?...

Il faudra le savoir.

Il ne manquerait plus que ça, une RÉQUISITION NON MOTIVÉE par lui, ou une RÉQUISITION FALSIFIÉE par M. le maire Tavé (J.-B.) ;

Et M. le chef de bataillon Wetzel et M. le chef d'escadron Costa auraient ainsi, malgré eux, marché contre la légalité ?...

Ce serait trop fort. »

(1) Officier d'état-major envoyé tout exprès de Périgueux.

CATHÉDRALE DE TULLE

La « Lunade » à Tulle en 1896

L'iniquité est consommée ! Le peu de liberté qui nous restait encore à Tulle vient de nous être enlevé. Les circonstances particulièrement odieuses et la perpétration elle-même de cet attentat sacrilège constituent une page d'histoire, qui est à la fois, une honte pour la municipalité sectaire et maçonnique qui nous opprime et une gloire pour le clergé et les catholiques de Tulle. Il importe donc de la transcrire ici dans ses détails.

Dans une trop fameuse séance du Conseil municipal, au cours de laquelle on entendit les blasphèmes les plus cyniques mêlés aux plus basses ineptics, le maire maçon dont nous sommes affligés, *Jean-Baptiste* Tavé, — car il faut désormais l'appeler par son nom — fut mis en demeure d'interdire la procession de la Lunade, par un vote qui déshonore à jamais la municipalité actuelle. En vain de nobles et courageuses protestations se firent entendre au sein même du conseil, au nom de la liberté et des intérêts de la ville. Ce vote fut émis à une énorme majorité (1).

Cependant, devant l'odieux d'une pareille mesure, le maire lui-même quoique prêt à toutes les basses œuvres, quand il s'agit d'opprimer la religion, le maire, humble valet des loges, exécuteur docile et fidèle des programmes maçonniques, sembla hésiter. Peut-être l'âme de sa mère chrétienne, qu'il sait bien ne pas « reposer dans le néant », se dressa devant lui, et, lui rappelant la foi de ses jeunes ans, le conjura de ne pas avaler jusqu'à la lie ce calice de honte et d'ignominie. Et ce qui prouve bien la réalité de ces hésitations dans le cœur du sectaire, c'est que plus de quinze jours s'écoulèrent avant qu'il se décidât à agir. Hélas! encore cette fois la haine irréligieuse devait l'emporter.

Mais il est juste de ne pas laisser à M. le maire seul toute la honte de ce triomphe maçonnique. Une large part en revient à

---

(1) Ont voté pour la suppression de la « Lunade » : Tavé, Valette, Couloumy, Patraud, Perperot, Malaurie, Noël, Borzeix, Chambas, Daumard, Bournas, Guichard, Giroux, Audebert, Bouquet, Galinon, Fouillade, Farges.

Ont voté contre : Dr A. de Chammard, Dr Maschat et Souric.

Se sont abstenus : Faucher et Salvazet.

Absents : Clément, Fauric, Guasson, Texier.

un autre triste personnage, que nous ne daignerons même pas nommer. Désormais son nom est flétri et il s'est voué lui-même à l'indignation de tous les honnêtes gens en exerçant lâchement sa vengeance sur la statue miraculeuse de notre glorieux patron.

Nous espérions donc que cette année encore, comme les années précédentes, on pourrait faire librement le *Tour de la Lunade*. C'était du reste le désir trop clairement et trop souvent manifesté de la population, pour que Monseigneur et son clergé de Tulle ne prissent pas en main la cause de la religion menacée. Tous ceux en effet que n'aveugle pas la haine anti-religieuse, à quelque parti qu'ils appartiennent, blâmaient ouvertement toute mesure d'ostracisme et proclamaient hautement les droits de la liberté. Saint Jean, disait-on, est toujours sorti, même aux plus mauvais jours de la Terreur, il faut qu'il sorte encore.

Heureux et fiers de ce mouvement d'opinion si conforme à leurs désirs personnels, les curés des quatre paroisses de Tulle furent d'avis que la procession devait se faire, quelle que fut la décision subséquente prise par le maire ; mais il fut convenu en même temps que devant un arrêté d'interdiction, on partirait de la cathédrale sans habits de chœur, pour suivre le trajet accoutumé.

Le vendredi soir, la *Semaine religieuse* annonçait cette décision en ces termes :

« La procession de saint Jean, dite *Tour de la Lunade*, aura lieu mardi prochain, 23 juin. On partira de la Cathédrale à 5 heures 1/2. Les fidèles sont invités à prendre part à cette religieuse démonstration qui s'est effectuée sans interruption depuis bientôt six cents ans. On compte d'ailleurs sur une nombreuse assistance. »

Le lendemain, samedi, le tambour de ville publia l'arrêté pris par M. Charain, maire de Tulle en 1881, qu'on a lu plus haut.

Cet arrêté ne devait pas s'appliquer à la procession de la Lunade, d'après l'interprétation même de son auteur, et ne fut jamais appliqué en effet en cette circonstance, ni par M. Charain, ni par les maires qui vinrent après lui, ni par M. Tavé lui-même, durant les quatre premières années de sa magistrature. On était donc en droit de se demander si ce simple rappel suffisait pour constituer une mesure légale. En tout cas, tous s'accordaient à dire que c'était une lâcheté et que M. Tavé, en se couvrant de l'autorité de son prédécesseur, cherchait à se dérober et à rejeter sur autrui tout l'odieux de la mesure.

Quoi qu'il en soit, la décision prise fut maintenue énergiquement par Mgr l'Evêque, qui ordonna de lire le lendemain dans toutes les églises et chapelles de la ville, l'annonce suivante :

« Après-demain soir, mardi, les fidèles sont invités à se réunir à la Cathédrale pour accomplir le Vœu six fois séculaire de la ville de Tulle en l'honneur de saint Jean-Baptiste. On sortira à 5 heures 1/2 précises, et l'on suivra le parcours accoutumé.

« Tous les fidèles sont priés de prendre part à cette grande manifestation de foi et de piété, que Monseigneur veut bien lui-même présider. »

Ce fut un grand soulagement pour tous les fidèles, qui, dès ce moment, résolurent à leur tour de répondre à cet appel pour revendiquer et exercer leurs droits de citoyens et de catholiques. Mais la loge veillait !... Et comme toujours dans ces circonstances, pour jeter le trouble et la confusion dans les esprits, elle faisait circuler les bruits les plus étranges, et en même temps elle forçait le maire de prendre des mesures sévères pour empêcher toute manifestation extérieure. Faut-il le dire, hélas ! toute la force armée de la ville, sur la demande et les réquisitions de ces égorgeurs de la liberté, allait être mise sur pied, et notre armée, notre vaillante armée, — sanglante ironie ! — employée à cette humiliante besogne. On refusait de croire à de telles audaces.

Le mardi matin, M. Tavé faisait publier l'avis suivant :

« Le maire de Tulle a l'honneur d'inviter le public à s'abstenir, cette après-midi et dans la soirée, de toute manifestation, et à garder le calme, le sang-froid et la tranquillité, de manière à éviter toute conséquence regrettable.

« *Le Maire*, TAVÉ. »

Je ne chercherai pas à faire ressortir toute l'hypocrisie cachée dans ces quelques mots. C'était une manœuvre d'intimidation préparatoire à celles qui allaient suivre. M. Tavé et ses complices savent très bien qu'il n'est jamais venu aux catholiques de Tulle l'idée de provoquer des troubles et des désordres, et la manifestation qu'ils redoutent, qu'ils cherchent à prévenir et qu'ils étoufferont bientôt par la force et la violence, se produira grandiose, éclatante, enthousiaste... C'est en vain qu'un envoyé spécial du chef de corps d'armée fait une démarche auprès de Monseigneur pour le prévenir des mesures de rigueur qui doivent être prises, s'il persiste dans sa décision. Mgr l'Evêque a l'âme trop fière, le cœur trop vaillant, le dévouement aux saintes causes trop grand pour s'arrêter dans l'accomplissement du devoir. Il sera là avec sa maison épiscopale, son Chapitre, son Grand Séminaire, tout son clergé en un mot, pour revendiquer, avec l'autorité qui lui appartient, notre droit et notre liberté.

Toutes les troupes sont consignées dans leurs quartiers. A 4 heures, six compagnies en tenue de campagne vont prendre position aux différents points stratégiques qui leur sont désignés. Le débouché du quartier d'Alverge par où doit passer le cortège, est occupé militairement par l'une d'entre elles. Une autre surveille le point d'arrivée du côté de l'Evêché. Les quatre autres, divisées en sections, gardent toutes les portes de la cathédrale. Toute la police est sur pied; toute la gendarmerie à cheval presse ses rangs devant le porche de l'édifice sacré. En un mot, c'est un siège en règle, un investissement complet. Disons-le bien vite, l'attitude de ces braves militaires est digne et sympathique. Tout le monde les plaint, personne ne peut les blâmer.

A 5 heures, le bourdon de la cathédrale et toutes les cloches des églises sonnent à toutes volées. Les vaillants catholiques de Tulle se font un devoir d'être là et l'on peut, à cette heure, constater l'unanimité de leur présence et de leur protestation.

Je voudrais pouvoir les nommer tous, car ils viennent d'écrire leurs noms dans un livre d'or. Je citerai au moins ceux que j'ai reconnus.

Voici au premier rang, M. Raymond Toinet, le glorieux magistrat qui brisa sa carrière d'une façon si héroïque, M. Sérager, l'avocat généreux, sympathique, intelligent du clergé, M. Louis Talin qui porte si vaillamment le drapeau de la liberté catholique et le défend avec l'éloquence de sa foi et de son cœur, M. L. Lacoste, qui, nouveau venu parmi nous, est déjà une des gloires du barreau de Tulle et un des champions les plus ardents de la religion, leurs collègues si dévoués pour la défense de la liberté religieuse et de la cause catholique, les Floucaud, les de Saint-Avid, les Loubignac, les Codet, etc.; voici encore d'autres vaillants que j'aime à saluer: M. le général Duval, M. H. Duval, M. Albier, M. Brisset, M. Raynaud, M. Guillemy et beaucoup d'autres, avec un groupe important de catholiques de la campagne.

A 5 h. 1/4, Monseigneur apparaît. La foule l'entoure immé-

diatement et l'acclame avec transport. C'est à peine s'il peut
s'ouvrir un passage, tant les mains sympathiques s'étendent
vers lui, tant on veut presser et baiser la sienne. Des bravos
formidables éclatent de toute part, et les cris enthousiastes,
répétés de : Vive Monseigneur ! accompagnent son entrée
dans la cathédrale, dont les voûtes retentissent déjà depuis
quelques instants du beau cantique :

> Nous voulons Dieu, c'est notre Père !
> Nous voulons Dieu, c'est notre roi !

« Quand la peste maçonnique, bien plus
pernicieuse que la peste du xive siècle, sera
enfin passée, vous pourrez célébrer une seconde fois la *Libération de la ville de Tulle.* »

(Protestation du 23 juin.)

Mgr H.-C.-D.   DENÉCHAU

Aussitôt que Monseigneur a revêtu ses habits pontificaux, la procession s'organise. La statue de saint Jean quitte son trône portée par deux prêtres. M. l'abbé Meyrignac, vicaire à la cathédrale, prend la croix et se met en tête du cortège. Les portes de la cathédrale s'ouvrent à deux battants. Le moment est solennel. Mais la foule qui se presse reste fidèle à la recommandation qui lui a été faite de demeurer calme et de ne pas sortir avant qu'elle en ait reçu l'ordre.

M. le Commandant de gendarmerie, entouré de toute la force armée, attend avec une émotion visible, presque sur le seuil du porche. La place qui fait face à l'entrée est noire de monde ; des grappes humaines sont suspendues aux fenêtres des maisons avoisinantes. Pas un cri discordant, pas une manifestation hostile.

Enfin la croix franchit la porte, précédant la statue ; tout le clergé suit. Au moment où l'on va dépasser le porche, M. le Commandant s'avance et notifie à M. l'abbé Meyrignac la défense de passer outre. En même temps, sur un signe de leur chef, tous les gendarmes s'avancent et barrent le passage. Le cortège s'arrête alors et ouvre ses rangs à Monseigneur et à sa suite. Des acclamations nombreuses retentissent, se mêlant au chant des cantiques : *Vive Dieu ! Vive la liberté ! Vive saint Jean ! Vive Monseigneur ! A bas les francs-maçons !*

Monseigneur l'Evêque, mitre en tête, crosse en main, descend les marches de la porte d'entrée au milieu de ces acclamations répétées. M. le Commandant, à la courtoisie duquel il est juste de rendre hommage, est visiblement ému, et c'est d'une voix tremblante, la tête nue, qu'il notifie à Sa Grandeur l'arrêté municipal. « Je suis obligé, Monseigneur, dit-il, de vous empêcher de sortir. Je vous serai reconnaissant de ne pas insister. » — « Mon intention, répond l'Evêque, n'est pas d'insister, et je cède devant la violence qui nous est faite. Je vous remercie du reste de votre sympathique courtoisie. » Et en même temps il tend la main au soldat, et tous deux, aussi émus l'un que l'autre, font passer dans cette cordiale étreinte l'expression éloquente de sentiments divers qui se devinent, mais qui ne se peuvent traduire ici...

Il faut donc céder à la violence. Monseigneur revient sur ses pas et commande aux fidèles de rentrer. Cependant les acclamations redoublent. La garde d'honneur qui est venue

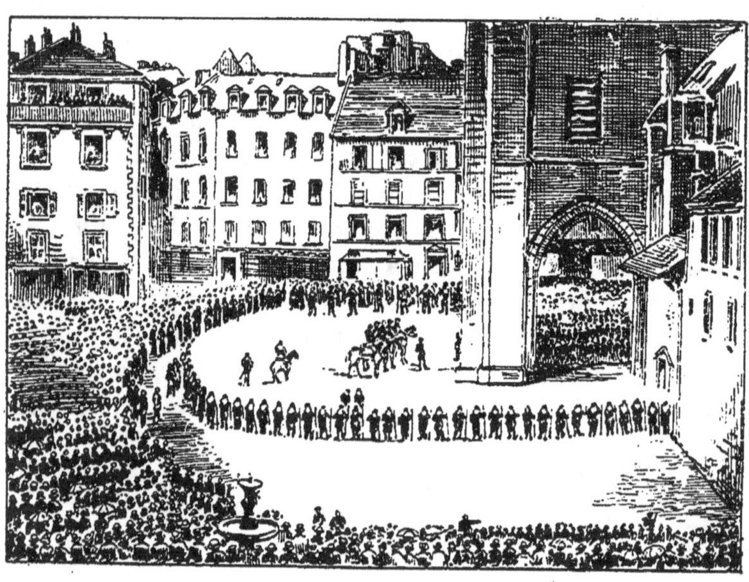

faire cortège à saint Jean se tient fière et digne sur la porte de la cathédrale. Les bras s'agitent avec transport, c'est un frisson d'enthousiasme qui remue cette foule. De nouveau, l'évêque est acclamé, écrasé sous les vivats, et son émotion, mal contenue jusque-là, éclate tout à coup en larmes et en sanglots... La scène est saisissante et restera inoubliable... Oui, Monseigneur, vous venez d'ajouter une page glorieuse à votre glorieux épiscopat ; mais vous avez surtout resserré étroitement les liens d'admiration, de reconnaissance, de dévouement filial qui nous unissaient déjà à votre personne.

L'orgue fait entendre sa grande voix avec plus de majesté que de coutume. Tous les cœurs s'unissent aux chants sacrés. L'enceinte de la cathédrale est bientôt trop étroite pour contenir l'immense affluence...

Monseigneur est en chaire, et d'une voix forte et vibrante, il proteste dans les termes suivants :

MES TRÈS CHERS FRÈRES,

Depuis quelque temps, surtout hier et ce matin, j'ai pu facilement prévoir la gravité et les circonstances aggravantes de l'attentat qui vient de se commettre contre nos droits de catholiques français. Pour ne pas trahir un devoir sacré, pour répondre aux sentiments traditionnels de cette ville, je ne pouvais être ni absent, ni indifférent, ni muet, sous le coup et dans le deuil qui nous frappent tous, clergé et fidèles. Oui, nous voyons disparaître aujourd'hui le dernier vestige de notre culte public, dans ce qu'il a peut-être de plus populaire, de plus cher aux habitants de Tulle, comme à leurs ancêtres, délivrés de la peste, en 1340, par l'intercession de saint Jean-Baptiste. C'est une question de principe : la liberté religieuse n'existe plus pour nous.

Jusqu'ici, depuis quinze ans, six municipalités successives, y compris la municipalité actuelle, malgré l'arrêté qui interdisait les processions, n'avaient pas voulu ni osé interdire celle de saint Jean qui, en fait, se trouvait non seulement tolérée, mais permise et même protégée. Pour nous enlever ce lambeau de liberté religieuse, il fallait un suprême accès de rage impie, d'audace, de haine et de méchanceté. A qui donc faisions-nous tort? A qui portions-nous ombrage? Nous aimions ces manifestations de notre foi, la curiosité y trouvait un spectacle plus beau, plus honnête et plus moral que beaucoup d'autres ; on dit même que le commerce trouvait à y gagner. En tout cas, l'ordre public n'était nullement troublé par des actes si inoffensifs et des personnes si paisibles. Comment donc peut-on trouver tant de plaisir à nous vexer et à nous opprimer? Comment ces prôneurs de liberté veulent-ils la garder pour eux seuls et même n'en avoir jamais assez, tant qu'ils ne nous ont pas enlevé complètement la nôtre? Comment ceux qui sont nos concitoyens et nos administrateurs ne seraient-ils pas obligés, à ces deux titres, de nous vouloir et de nous faire du bien?

Ce dernier coup, porté à notre sainte religion, est sans doute moins grave que plusieurs autres; mais il doit dessiller les yeux les plus aveugles et montrer à quel degré d'oppression nous sommes tombés. Pauvre France, malheureuse patrie, faut-il qu'après quatorze siècles de christianisme, tu sois devenue ainsi le jouet et la proie des sectaires, tes plus funestes et plus cruels ennemis ! En est-ce donc fait sans retour ? Serons-nous toujours foulés aux pieds, sans pouvoir nous relever, sans pouvoir nous défendre? Mais nous en appelons à l'opinion publique ; nous en appelons à la justice de Dieu et plus encore à sa miséricorde.

Pour le moment, N. T. C. F., je n'ai pu élever en votre nom qu'une protestation impuissante. Je vous félicite et vous remercie tous d'avoir manifesté les sentiments de foi qui vous animent.

Honneur à vous, vaillants hommes de toute condition ! Honneur à vous, femmes chrétiennes ! Honneur à vous, chers enfants, dignes de vos pères et de vos mères ! Ah ! pas plus que nous, vous ne redoutiez la fatigue, les outrages et peut-être les quelques dangers à prévoir dans cette procession six fois séculaire. Votre sacrifice le plus méritoire est de rester ici immobiles, sans pouvoir porter ni accompagner en triomphe l'antique statue de votre glorieux saint Jean. Mais, vous le voyez, cette cathédrale est investie comme une place de guerre ; nous y ressemblons à des assiégés ; c'est un fait inouï dans les annales de nos troubles civils. Un peu plus, et M. le Maire eût requis la mobilisation d'un corps d'armée.

Eh bien, je vous y invite, et vous aurez tous le bon esprit de m'écouter avec confiance, quoi qu'il puisse vous en coûter. Devant le luxe des précautions prises, devant le déploiement inusité des forces militaires, il est inutile de tenter une nouvelle sortie : la violence est moralement soufferte et publiquement constatée. Pour éviter des profanations et des blasphèmes, peut-être aussi des collisions imprévues et des provocations perfides, par respect pour l'autorité et surtout par égard pour nos soldats et leurs officiers, chargés, à leur vif regret, d'une mission bien pénible, refoulez votre indignation jusqu'au fond de vos âmes ; restez calmes dans ce temple où vous êtes pour un moment cernés. Il est plus honorable de céder à la violence que d'y avoir recours.

Les joies ordinaires de ce jour sont changées en deuil ; mais vous n'en serez que mieux exaucés, en priant le grand saint dont nous célébrons la fête. Après m'avoir écouté avec une attention émue, priez de tout votre cœur saint Jean-Baptiste, et l'auguste Vierge Marie et Notre-Seigneur qui va bientôt vous bénir. Ne perdez jamais courage et, avec la grâce de Dieu, ne désespérez jamais de la France. Laissez vos ennemis s'applaudir et se réjouir de tout le mal qu'ils réussissent à vous faire ; ils ne triompheront pas toujours ; malgré tout, sachez les plaindre et les aimer. Quand la peste maçonnique, bien plus pernicieuse que la peste du xive siècle, sera enfin passée, vous pourrez, avec un profond soupir de soulagement, célébrer une seconde fois la *Libération de la ville de Tulle*. En attendant, cette chère ville de Tulle restera toujours, selon sa glorieuse devise : *Immuable dans la foi et la fidélité*, c'est-à-dire dans la religion et le patriotisme de ses pères.

A peine ces derniers mots sont-ils prononcés, que les applaudissements éclatent. Cette fois la conscience publique est soulagée, elle vient d'être vengée... Monseigneur en descendant de chaire reçoit des félicitations précieuses, et c'est avec peine qu'il peut arriver jusqu'au pied de l'autel, où il va donner le salut solennel du Saint-Sacrement.

Au chœur, on entonne le *Miserere*. A peine est-il achevé, Monseigneur se retourne et demande le chant d'un *Te Deum*, « car, dit-il, si nous avons à gémir et à crier miséricorde, nous avons aussi à rendre grâce à Dieu de cette belle et grandiose manifestation. »

Les chants continuent, et, quand tout est fini, quand tout le clergé s'est trouvé réuni autour de l'Evêque, à la sacristie, M. le Doyen du Chapitre, au nom de tous, a exprimé à Sa Grandeur l'admiration et la reconnaissance dont nos cœurs débordaient. Monseigneur, en répondant, a témoigné sa grande joie de voir ainsi, dans ces douloureuses circonstances, l'union la plus parfaite entre Lui, son clergé et son peuple. En somme, c'est une magnifique journée et un triomphe indéniable pour la cause catholique.

J'ai fini; et pourtant, je ne veux pas déposer ma plume encore frémissante d'indignation, sans faire ici un rapprochement qui me fait rougir de honte.

Je viens de parcourir plusieurs contrées de la Palestine, de la Grèce, de la Turquie. Là, le croissant ou le schisme règnent en maîtres. Et pourtant partout j'ai vu notre religion sainte non seulement tolérée, mais respectée, protégée. En toute liberté, nous avons pu professer publiquement notre foi, au milieu même des Musulmans. Il n'est pas jusqu'à Constantinople, où nous avons déroulé les rangs pressés de nos processions... Je constate donc, hélas ! une fois de plus, les larmes aux yeux et la rougeur au front, qu'en France, pays de la liberté, les catholiques sont traités en esclaves et qu'ils ne peuvent plus publiquement exercer leur culte. Oui, je ne cesserai de le répéter, puisque la preuve en est faite, à Tulle, nous sommes mis au-dessous des saltimbanques et des chanteuses de café-concert et de casino, de par la volonté d'un maire franc-maçon qui s'appelle Tavé. Mais je crierai aussi, tant qu'il me restera un souffle de vie : Vive Dieu ! Vive la liberté religieuse ! A bas les oppresseurs ! A bas la Franc-Maçonnerie !

*
**

Le 23 juin a été pour la ville de Tulle une journée mémorable. Nos lecteurs le savent assez. Maintenant, nous leur devons le récit des magnifiques démonstrations qui ont suivi le grave, j'allais dire l'heureux évènement du mardi soir.

M. le maire Tavé *Jean-Baptiste*, f∴ m∴, avait donc obligé la troupe et la gendarmerie à nous barrer le passage. Une procession, bien inoffensive assurément, sortait de la cathédrale et se heurtait à la force armée.

Il fallait rentrer dans l'église : c'était la retraite nécessaire du droit opprimé par la violence, ce n'était point une défaite.

Après la bénédiction du T. S. Sacrement, de nombreux fidèles partent isolément et vont faire le « Tour de la Lunade ». Ils se groupent peu à peu autour de M. l'abbé Peyrou et se joignent à lui pour prier et pour chanter les louanges du glorieux Précurseur. Sur le parcours on salue les croix et les reposoirs traditionnels.

Le cortège s'accroît à mesure qu'il avance et devient de plus en plus imposant. Aux approches de la ville, il a la bonne fortune de rencontrer Mgr l'Evêque et reçoit avec joie ses félicitations et ses bénédictions aux cris de : *Vive Monseigneur ! Vive Saint Jean !*

Il traverse sans incident les rues et les places de la cité ; la foule applaudit et acclame prêtre et fidèles jusqu'à leur entrée dans l'église où ils vont vénérer ensemble la statue miraculeuse.

Le lendemain, 24, fête de saint Jean, les fidèles se succèdent sans interruption dans la cathédrale et *passent sous saint Jean.* Le soir, le clergé de la paroisse de Saint-Jean-Baptiste accomplit son pèlerinage ; il est suivi de nombreux paroissiens. Comme la veille, on prie, on chante et on est acclamé. Le *Magnificat* termine, comme hymne d'actions de grâces, cette nouvelle manifestation.

Nous voici au 25 juin. Il est 3 heures du matin. Les portes de la cathédrale s'ouvrent pour laisser entrer huit prêtres et huit vaillants catholiques de la ville qui ont résolu de porter la statue de saint Jean sur le parcours accoutumé. « Saint Jean est sorti aux plus mauvais jours de la Terreur ; ne sortirait-il pas en 1896 ?

Ce serait indigne de la ville de Tulle et de ses habitants. Saint Jean sortira ! » Ainsi ils avaient dit.

L'église est faiblement éclairée par la lampe du Saint-Sacrement et par quelques veilleuses. L'émotion est contenue mais profonde. On se prosterne, on adore N.-S. dans l'Eucharistie, on prie saint Jean, on part. Les portes de la cathédrale se referment derrière nous, tandis que nous nous acheminons vers le quartier d'Alverge. On marche d'un pas rapide. Dans ce moment les pensées se pressent dans mon esprit et mon âme est sous l'empire de sentiments divers qu'il me serait difficile de traduire fidèlement. En parcourant la rue montueuse qui gravite au flanc de la colline escarpée, dans la nuit encore obscure où se note la pâle lueur de deux ou trois becs de gaz, je crois vivre au siècle passé. Il faut se cacher pour s'acquitter du devoir de la piété chrétienne. La ville de Tulle a fait le vœu de porter tous les ans processionnellement la statue de son libérateur ; maintenant, elle ne peut accomplir ostensiblement ce vœu. Ce ne sont plus les visites domiciliaires, c'est la proscription du culte public et extérieur, c'est la défense odieuse de la manifestation religieuse, c'est la jalouse surveillance d'un *Argus* qui se sert des yeux des autres pour empêcher toute démonstration envers saint Jean.

Cependant, nous l'honorons, saint Jean. Nous l'honorons parce que nous l'aimons. Comme il fait bon marcher en tête ou à la suite de la petite troupe qui accompagne la statue ! Comme nous sommes fiers de porter à tour de rôle sur nos épaules le précieux fardeau !

Aussi, jamais voyage ne fut plus agréable !

Nous sommes déjà hors de la ville. La campagne est fraîche et tout embaumée des parfums du matin. Un silence solennel règne dans la nature. Nous prions, notre âme se repose en ses douces pensées et en ses doux sentiments ; on échange parfois quelques mots à voix basse : c'est pour se communiquer son bonheur et son émotion. N'est-il pas vrai, se dit-on, que le ciel nous protège ? Les éclairs sillonnent la nue à l'horizon, on entend dans le lointain le grondement confus du tonnerre. L'orage ne devait pas fondre sur nous. La pluie est restée suspendue au-dessus de nos têtes ; le manteau de pourpre de saint Jean a été respecté. Tout au plus quelques gouttes d'eau se sont-elles déposées comme des perles d'argent sur sa brillante couronne qui frôlait parfois les branches des châtaigniers et des chênes encore humides des averses de la nuit.

Nous longeons la crête de la colline pendant que l'aube naissante nous couvre de ses feux. Les travailleurs des champs ne sont pas encore à l'œuvre, nous ne voyons personne. Nous arrivons au Rocher des Malades et bientôt au Lion d'Or. Un passant, — le premier que nous ayons rencontré, — salue et fait des gestes approbatifs. Un peu plus loin, une brave chrétienne nous regarde d'un air stupéfait, ne pouvant en croire ses yeux, puis elle éclate en sanglots et tend vers saint Jean ses mains suppliantes.

Il est 4 heures 1/4. Nous voici près du porche. On entonne l'hymne de circonstance : *Ut queant laxis*. Oh ! il part du fond du cœur, ce chant que nos lèvres expriment. Les croisées des maisons voisines s'ouvrent. « Saint Jean est sorti ! saint Jean est sorti ! s'écrient les heureux témoins de notre rentrée triomphale ; bravo ! bravo ! » On salue saint Jean par des applaudissements répétés.

La statue s'arrête quelques instants devant la porte de l'église ; on chante le *Magnificat* pendant que les vivats se font entendre de toutes parts. Mais ici la halte doit être courte, on rentre dans l'église où l'on continue à chanter le *Magnificat*. Puis, comme au départ, on se prosterne, on adore le Saint-Sacrement, et à l'invocation trois fois répétée de : *Sancte Joannes Baptista*, nous répondons : *Ora pro nobis*.

Dieu soit béni ! Vive saint Jean ! Saint Jean est sorti !

On se rend ensuite à la sacristie, où l'on rédige séance tenante, le procès-verbal de notre pieuse pérégrination, que chacun signe de sa meilleure plume.

A. M. D. G.

JÉSUS, MARIA, JOSEPH, JOANNES-BAPTISTA

Un chrétien héroïque (car il y allait de sa vie, s'il avait été découvert) emporta dans un sac, aux plus sombres jours de la Terreur, la statue miraculeuse de saint Jean-Baptiste sur le parcours accoutumé dit « Tour de la Lunade ».

En 1896, en ce siècle appelé « siècle de la liberté » ;

Sous l'épiscopat de Monseigneur Denéchau, dont la noble attitude, en de si douloureuses circonstances, arracha aux fidèles de sa ville bien-aimée des larmes d'admiration et d'amour ;

M. Tavé, membre du Conseil du Grand-Orient de France, étant maire de Tulle,

Messieurs Valette, franc-maçon, docteur en médecine, et Coulonmy, marchand de vin, ses adjoints ;

Un ukase municipal, soutenu par un déploiement sans pareil de la force armée : *police, gendarmerie, le régiment tout entier,* avait consigné la statue de saint Jean, violant ainsi, avec le vœu fait en 1340 par les échevins et les habitants de la ville de Tulle, les droits imprescriptibles de la liberté ;

L'un d'eux, insultant à nos croyances et à nos sentiments de vénération et d'amour envers le saint Protecteur mille fois béni et acclamé par la population tulliste, avait même osé dire, en blasphémant : « Cette année *le petit vieillot* ne sortira pas ! »

Les prêtres et vaillants chrétiens soussignés, répondant aux vœux unanimes des habitants de Tulle, forts des droits que possède tout citoyen de parcourir librement les rues de la ville et la solitude des campagnes, se sont dit en leur cœur : « Les Hérodes modernes sacrifieraient-ils nos têtes aux complaisances des filles d'Hérodiade ? Il sortira ! »

En conséquence, le 25 juin 1896 ; (suivent les noms et les titres)...

Sont sortis à trois heures précises du matin de l'église cathédrale de Tulle, en portant à tour de rôle la statue vénérée sur tout le parcours dit « Tour de la Lunade », en récitant des prières.

Ils ont fait leur entrée triomphale à quatre heures trois quarts au chant du *Ut queant laxis.*

Les fidèles attirés par ce chant les ont acclamés.

Cris de : Vive Dieu ! Vive saint Jean-Baptiste ! Vive Tulle ! vive la liberté !

Ils ont remis en place la statue miraculeuse, l'ont vénérée et ont chanté le *Magnificat.*

Tulle, le 25 juin 1895.

Ont signé :

L'original de ce procès-verbal est déposé aux archives de la cathédrale.

Il n'est bruit en ville que d'une grande nouvelle : la sortie de la statue de saint Jean-Baptiste !

Est-ce possible ? disent les uns. Très possible, puisque c'est vrai, répondent les autres. — Ah ! voilà qui est bien, voilà qui est crâne !

En tout cas, il n'y a rien en cela qui soit criminel ou dangereux pour la patrie. C'est ce qu'a pensé et ce qu'a dit le public sensé. Dans un autre milieu on a jugé autrement. Ne voilà-t-il pas qu'une enquête a été ouverte immédiatement après par la gendarmerie ! Mais à Tulle, les braves gens ont de l'esprit. Au lieu de s'émouvoir de cette nouvelle mobilisation, ils ont dit que

M. Tavé avait ordonné aux gendarmes de faire, eux aussi, le « Tour de la Lunade ». Nous ne savons quel est le résultat de cette enquête ; ce que nous connaissons, c'est la réponse d'une jardinière vraiment *tulliste :*

Un agent fait son enquête à la Bachellerie et rencontre une jardinière :

— *Qué dizé, bravo feïnno, n'avé pas vi pacha seint Dzan ?*
— *Si fait, mouchur !*
— *Qu lou pourtavo ?*
— *Degu'n, martzavo tout soul !*

Tête de l'agent !
Qu'en pense le Tavé (*Dzan*)?— Authentique. (*Le Corrézien.*)

Il est bien à croire du reste, qu'on sera embarrassé pour sévir contre l'audacieuse et touchante sortie de jeudi matin.

Cependant, il s'en faut qu'elle ait été chose indifférente. On peut le dire, elle a électrisé la population. Voilà pourquoi, le soir du même jour, à la suite du clergé de la cathédrale, une foule si nombreuse a fait le « Tour de la Lunade ». C'était pour la troisième fois qu'on voyait un groupe régulier accomplir le grand acte de dévotion à l'égard de saint Jean-Baptiste, et cependant il était plus imposant que celui des jours précédents. Sur le parcours, on prie et on chante ; devant les croix — il n'y avait qu'un seul reposoir — on récite les antiennes, les versets et l'oraison accoutumés ; au Rocher des Malades, deux chœurs alternent les répons du *Libera* dont l'effet est des plus saisissants.

A l'évêché, Monseigneur a fait dresser un reposoir à l'intérieur de la grande porte d'entrée. Là a lieu une manifestation magnifique. Les élèves du Grand Séminaire entourent Sa Grandeur au moment où le cortège arrive. Le cantique *Nous voulons Dieu*, le *Te Deum* sont chantés tour à tour ; les cris : Vive Dieu ! Vive saint Jean ! Vive Monseigneur ! Vive la liberté ! A bas la franc-maçonnerie ! sont répétés avec enthousiasme. Monseigneur bénit la foule qui s'incline respectueuse ; on reprend le chant des cantiques et l'on se rend à la cathédrale aux acclamations de la population. Dans l'église, brillamment illuminée, la voix puissante de l'orgue accompagne le chant du *Nous voulons Dieu* ; l'enceinte de la cathédrale ne peut contenir l'assistance. On donne le salut solennel du Très Saint Sacrement. Aussitôt M. Couffy, archiprêtre, remercie ses paroissiens et les fidèles de toute la ville qui se sont associés à cette grandiose démonstration de foi et de piété envers saint Jean-Baptiste. La joie, le bonheur et l'émotions sont dans tous les cœurs.

Le vendredi et le samedi, nouveaux pèlerinages partiels soit par familles, soit par groupes.

A la suite de ces belles manifestations, Monseigneur adressa la belle Lettre pastorale suivante « aux Fidèles de sa Ville épiscopale » :

Après le fait important qui vient de s'accomplir parmi vous, nos très chers Frères, c'est pour nous un devoir et une consolation de vous dire les sentiments qu'il excite en notre âme et les encourageantes leçons qui en ressortent pour nous tous. Après la grave protestation élevée contre la dernière violation de nos droits les plus sacrés, c'est vers vous que se tournent avec complaisance notre cœur et notre voix. Quels remerciements et quelles félicitations ne faudrait-il pas vous adresser ? Comment n'être pas ému à ce vivant souvenir de votre attitude et de votre conduite si admirablement chrétiennes ? Inutile de vous dire combien une telle démonstration de foi et de sympathie nous attache de plus en plus à cette ville et à ce diocèse : notre personne doit disparaître ici, vous ne l'avez que trop acclamée, vous n'avez que trop élevé l'honneur au-dessus d'un faible mérite, quoique ces témoignages d'affection nous aient été bien précieux. Oui, c'était un vrai bonheur de nous voir entouré, de nous sentir pressé par ces hommes si honorables, par ces personnes de toutes les conditions sociales, et surtout par cette foule d'enfants du peuple qui réclamaient leur large part de nos bénédictions. Vraiment, quand on est ainsi payé de retour, il n'y a pas grand mérite à vous aimer et à se dévouer pour vous. Ah ! il nous semblait que toutes vos acclamations retombaient sur votre tête, et nous aurions voulu avoir des milliers de voix et de mains pour pouvoir dignement vous applaudir. En vérité, c'est vous qui avez fait le merveilleux succès de cette manifestation catholique ; c'est vous qui avez affirmé, maintenu et consacré vos pieuses traditions, pour laisser intact à vos enfants cet héritage de vos pères ; c'est vous qui avez couronné saint Jean-Baptiste d'une gloire nouvelle, supérieure peut-être à toutes celles de votre histoire locale.

Oui, remercions Dieu qui, dans sa bonté infinie, a voulu tirer un si grand bien d'un si grand mal. Nous avons eu près de lui, dans le cloître et dans le monde, les prières des âmes pieuses, trop préoccupées peut-être de dangers imaginaires, mais avant tout soucieuses de nous obtenir un succès véritablement chrétien. Il faut avouer que le Ciel les a largement exaucées, et que rarement les épreuves et les crises peuvent avoir une issue plus heureuse.

Dieu se plaît quelquefois à confondre les impies et même, comme dit le Psalmiste, à les *tourner en dérision*. Oui, en croyant travailler pour eux-mêmes, c'est pour lui qu'ils travaillent, et les moyens qu'ils prennent vont directement contre leur but. Ainsi le nombre de ceux qui, mardi soir, investissaient la cathédrale, et la haute situation de quelques-uns d'entre eux, n'ont fait que rendre plus facile l'accomplissement de notre devoir, en lui assurant une courtoisie et des égards auxquels il convient de rendre témoignage. Toutes les mesures prises contre nous ont tourné en notre faveur, et les circonstances providentielles nous ont conduits dans le droit chemin au milieu de toutes nos incertitudes. La présence de troupes si nombreuses, quatre compagnies postées autour de l'église et deux disséminées sur le long parcours, avait-elle pour but d'intimider les faibles et de réprimer au besoin un mouvement populaire ? En tout cas, elle attestait l'universelle popularité de la procession supprimée par le fanatisme sectaire. Ah ! sans doute, nous avons plaint les officiers et les soldats d'être requis longtemps avant l'heure sous les rayons d'un soleil brûlant ; nous les avons plaints de remplir une mission qui n'est pas la leur et qui leur répugne. Mais, en vérité, dans le cas présent, ils étaient bien utiles et tenaient une place bien importante. Avec le sympathique attrait qui nous porte toujours vers eux, est-ce que nous pouvions les considérer comme des geôliers ? Non certes, en réalité et contre leur attente, ils se trouvaient être pour notre cathédrale une couronne de gloire, pour notre manifestation ou notre fête un imposant cortège d'honneur ; c'est par eux qu'elle a été revêtue d'un éclat incomparable et qu'elle fera, au loin comme au près, la plus vive et la plus salutaire impression. Hélas ! il y a longtemps déjà qu'ils ne rehaussaient plus de leur présence la solennelle majesté de nos cérémonies religieuses. Mais là, ils étaient au premier plan, sur cette scène magnifique, ayant derrière eux d'abord la foule qui encombrait nos places et plus loin encore celle qui se pressait aux croisées de toutes les maisons environnantes. Aussi, N. T. C. F., déjà les brillantes descriptions de la presse locale commencent à être reproduites en France et même à l'étranger, et il faut dire avec saint Paul : *Nous avons été donnés en spectacle au monde.*

Mais il s'est produit un résultat bien plus précieux encore, plus inattendu et plus triomphant. Le but de ceux qui se sont faits gratuitement nos ennemis était sans doute de contrarier et d'étouffer, avec la dévotion envers saint Jean-Baptiste, l'esprit de foi qui, depuis six siècles, y trouvait une de ses plus vives expressions, un de ses aliments les plus précieux. Eh bien, N. T. C. F., nous vous prenons pour témoins et pour juges. Ont-ils réussi dans ce mauvais dessein ? Ah ! nous espérons qu'ils n'en demanderont pas davantage : l'âme de toute une cité catholique leur a fait une digne et sublime réponse ; les sentiments ont éclaté avec d'autant plus de force qu'on avait mis plus d'acharnement à les comprimer ; les bouches et les poitrines de toute une population les ont traduits par des cris puissants, mille et mille fois répétés, en l'honneur de saint Jean-Baptiste. L'arrêté oppressif, avec ses circonstances dramatiques, a réveillé les endormis, ému les indifférents et encouragé les timides ; ce léger souffle d'orage a découvert et ravivé le feu sacré qui couvait sous la cendre. Quant aux innombrables dévots de saint Jean, nous savons à quel point ils étaient brûlants ou inflammables. Avez-vous vu ces prêtres de la ville, ces séminaristes, ces hommes, ces femmes, ces enfants, réunis, animés, enflammés par la fraternité du même sentiment catholique ?

Avez-vous été témoins de leur indignation et de leur enthousiasme? Avez-vous senti vibrer leurs cœurs de chrétiens et de français? N'avez-vous pas tressailli vous-mêmes de cette universelle commotion que la même étincelle électrique de foi faisait passer par toutes les âmes? Vraiment, la ville de Tulle semble elle-même étonnée de se trouver encore si chrétienne. En se révélant à elle-même, elle s'est affirmée avec grand honneur, bien au-delà des limites de ce diocèse, tellement que son culte traditionnel de saint Jean et sa procession sous le nom local de *Tour de la Lunade* seront désormais connus de la France entière.

Dieu soit mille fois béni, N. T. C. F., il y a donc encore en vous tous, un fonds solide de religion, il y a du ressort, il y a du zèle et de l'énergie. Nous le constatons avec bonheur, comme un gage de consolante espérance. Ah! puissiez-vous ne pas déchoir de cette catholique ardeur, ranimée par la récente épreuve! Puissiez-vous prendre ainsi votre glorieuse part au relèvement chrétien de notre patrie! Avez-vous réfléchi sur les cris qu'un instinct mystérieux vous a fait pousser vers le ciel et vers la terre? Ne parlons pas des acclamations, d'autant plus significatives pourtant, ou comme on dit aujourd'hui, d'autant plus *suggestives* qu'elles s'appliquaient peu à notre personne, mais à notre acte et à notre ministère d'évêque; ne parlons pas non plus de vos acclamations hautement religieuses à Dieu lui-même et au saint Précurseur. Ce qui nous a le plus frappé, c'est un cri nouveau, inusité jusqu'à ces derniers temps dans nos cérémonies et nos églises, un cri qui en lui-même semble profane et qui pourtant est celui de notre situation religieuse, de nos volontés et de nos besoins les plus élevés : *Vive la liberté!* Oui, voilà le cri qui a retenti partout; voilà pour nous la protestation la plus éloquente. *Vive la liberté!* C'est le cri qui jaillit de toutes les poitrines avec une conviction, un entrain, une fougue infatigables. *Vive la liberté!* Quand ce cri est répété, chose singulière, par les femmes et les enfants plus encore que par les hommes, il faut bien en conclure qu'un souffle libérateur commence à passer sur la France.

Nos frères poussent ailleurs le même cri dans des circonstances à peu près semblables. Puisse-t-il gagner de proche en proche, pour devenir un concert aussi puissant qu'unanime, ou plutôt un irrésistible courant qui renverse enfin toutes les barrières de l'oppression et de la servitude !

En rencontrant une procession faite en dépit de tous les obstacles, combien nous étions touché d'entendre sur les lèvres de pauvres femmes les notes les mieux accentuées de la fierté française comme de la confiance chrétienne, l'une s'écriant : *La liberté, il faut la prendre* ; une autre ajoutant : *Le bon Dieu finira bien par être le maître* ; une autre nous disant : *N'est-ce pas, Monseigneur, que nous avons la victoire ?*

Enfin, N. T. C. F., depuis l'imposante manifestation de mardi soir, la dévotion envers saint Jean s'est donné libre carrière ; jamais peut-être il n'avait reçu autant d'hommages et de prières ; les pèlerinages soit isolés, soit par familles ou par groupes se sont succédé sans interruption, à l'exemple ou sous la direction des prêtres de nos paroisses. D'autre part, il eût été très légal, mais certainement interdit, de porter sur le parcours ordinaire, sans ombre de procession, l'antique et vénérée statue de saint Jean, tandis qu'on pourrait porter n'importe quelle autre chose. Il a fallu la porter pour ainsi dire, en contrebande, et la cacher, non plus dans un sac, comme aux jours de la Terreur, mais dans les ombres de la nuit ou du crépuscule, comme pour fournir une nouvelle preuve de la violation de nos droits. Enfin il a été donné satisfaction, aussi bien que possible, à l'ancienne habitude et au vœu des échevins de 1430 comme aux désirs toujours vivants des habitants de Tulle.

Hier soir, jeudi, ayant été averti à temps, nous avons eu la consolation de recevoir et de bénir le nombreux pèlerinage de la paroisse de la cathédrale, qui s'était fait avec toute l'édification des chants et des prières, et qui, accueilli à son arrivée en ville par d'unanimes sympathies, a témoigné vivement son enthousiasme et sa piété, soit à l'entrée, soit dans l'enceinte de son église.

Il faut terminer, N. T. C. F., par le mot confiant et naïf, qui est sur toutes les lèvres : *Saint Jean-Baptiste doit être content de nous.* Disons encore une fois : *Vive la liberté !* et que tous les amis de la liberté religieuse, faisant trève à leur apathie et à leurs divisions, s'unissent cordialement dans l'action comme dans la prière !

Recevez, nos très chers Frères, l'assurance de notre affection la plus dévouée en N.-S.

† HENRI, Ev. de Tulle.

Nous sommes au dimanche.

Après avoir lu en chaire cette belle lettre de félicitations et de remerciments, MM. les curés des quatre paroisses annoncent une cérémonie de réparation pour le soir, à la cathédrale, en l'honneur de saint Jean. On en conviendra, cette cérémonie s'imposait. Saint Jean avait été outragé dans son culte traditionnel ; il devait, comme dédommagement, recevoir le concert unanime, mais pieux et recueilli, de nos supplications, de nos hommages, même après les imposantes manifestations des jours derniers.

Dès 7 heures, la cathédrale commence à se remplir, et, à 8 heures, quand Monseigneur arrive, elle est bondée. De nouveau l'orgue fait entendre sa puissante voix et accompagne le *Miserere.* Quand ce psaume est achevé, deux prêtres vont prendre la statue miraculeuse et la procession s'organise et se déroule à l'intérieur de l'église, non plus, comme jeudi matin, à la lueur des éclairs et au grondement du tonnerre, mais au milieu d'une brillante illumination et des notes joyeuses de l'hymne triomphante : *Ut queant laxis.*

Aussitôt la procession terminée, on entonne le beau cantique : *Je suis chrétien.* Puis Monseigneur monte en chaire. Il avoue son impuissance, après toutes les manifestations dont il a été témoin, à mettre sa parole à l'unisson des cœurs. Du reste, il ne veut pas abuser de la parole de Dieu et il va tout simplement renouveler en quelques mots ses remerciments et ses félicitations à la population de Tulle. Mais il trouve encore des accents éloquents pour traduire les sentiments qui débordent de son cœur et pour flétrir l'outrage suprême qui vient de nous être fait.

Avec une liberté tout apostolique, il revendique encore, et

hautement, la liberté religieuse, et il exhorte ses auditeurs à la réclamer sans cesse. Il les presse en même temps de ne pas s'arrêter en si bonne voie mais de continuer à affirmer leurs principes chrétiens dans la famille et dans leurs relations sociales. Il espère enfin que les catholiques se réveilleront pour combattre tous ensemble avec une nouvelle ardeur et que saint Jean-Baptiste qui, une première fois, fut le précurseur de Jésus-Christ les amènera encore au divin Maître, pour soutenir son Eglise et résister vaillamment aux nouveaux Hérodes.

Le cantique entraînant : *Nous voulons Dieu !* s'échappe une dernière fois de nos cœurs, comme un cri de foi et d'espérance. Monseigneur donne la bénédiction du Saint-Sacrement, et c'est ainsi que se clôturent dans la prière ces fêtes inoubliables de la « Lunade » en 1896.

GRAND SÉMINAIRE DE TULLE

REVUE DE LA PRESSE

Saint-Jean et Jean le Baptiste

En cette année de grâce où Jean le Baptiste Tavé fut réélu maire de la très bonne ville de Tulle, après quatre années d'un proconsulat rien moins que brillant, Saint Jean demeurera-t-il prisonnier au Temple où ira-t-il, *extra muros* et sans encombre pour personne, faire, comme de coutume, ce que Son Eminence J.-B. Valette appelait jadis, dans le langage culinaire dont il a le secret, « son persil au bois » ?

Là est la question !

En somme — et nous le disons tout net comme nous le pensons — il ne devrait point y avoir de question du tout.

Saint Jean, jusqu'ici et depuis cinq siècles n'avait gêné personne, pas même M. Tavé Jean-le-Baptiste qui, dans les quatre premières années de son règne, le toléra parfaitement, et, bien plus, LE SAUVA.

Car, l'an dernier, le Tour de la Lunade fut à deux doigts, nous ne dirons pas de sa disparition (un arrêté municipal, aussi respectable fût-il, est impuissant à détruire ce qui dure depuis six cents ans) mais tout au moins dans son éclipse.

Son Eminence M. le vénérable Valette, avait alors demandé que l'on mît un terme à « ces pratiques d'un autre âge » ; or, le Conseil, exactement, sur cette proposition, en deux parties égales se divisa. La voix du Maire-Président était prépondérante.

Mais, soucieux de conserver sa clientèle de jardiniers — et aussi de bourgeois — Tavé Jean-le-Baptiste, en bon normand qu'il pourrait être, vota pour la suppression comme conseiller municipal et renonça ILLEGALEMENT à la prépondérance de sa voix comme Maire.

Voilà comment — d'un commun accord d'ailleurs avec son Eminence Barbe-Grise — le Tour de la Lunade, pour cette fois, fut sauvé.

Mais on attendait le Précurseur... après les élections !

Et les élections passées, le premier acte — entre tous courageux et grand s'il en fut — a été l'ukase municipal par lequel Saint Jean s'est vu mis aux arrêts dans sa niche de la cathédrale.

M. Tavé Don Quichote part en guerre, pour le moment, contre les statues. Le combat est, on l'avouera, tout au moins singulier.

On ne nous accusera pas, certes, d'être des « cléricaux ». Et nous admettons parfaitement que certaines manifestations du culte, gênantes pour la circulation — telles que la procession de la Fête Dieu dans une ville chef-lieu du département — ou dangereuses pour la paix publique, comme dit la rubrique, soient interdites par l'autorité municipale responsable de la liberté de passer et de l'ordre dans la rue.

Mais la Saint-Jean mi-profane et mi-religieuse ; mais ce cortège entre tous pittoresque et RURAL qui s'en allait sous bois, de cinq à huit, traversant le Lion-d'Or inaccessible à peu près aux voitures, coupant durant cinq minutes à peine le Pont Millet-Mureau et la Place Municipale (au total 3oo mètres en ville), eh bien ! non, ce cortège, salué du bruit sec des « serpentous » et des éclats de rire des enfants, eh bien ! non, tout cela n'a jamais été ni gênant pour la circulation, ni inquiétant pour la paix publique.

De la Paix Publique, M. le Maire REVOLUTIONNAIRE Tavé devrait être le dernier au surplus à se préoccuper.

(Le Messager du 24 juin.)

Saint Jean est sorti !...

On ne comprenait peut-être pas bien ce que voulaient dire certains disciples de saint Jean — lorsque regardant narquoisement les compagnies du 80ᵉ sous les armes, les gendarmes à cheval, les agents de police en l'air, avec un stratège à quatre galons et faisant supposer que l'artillerie était... brrr !... cachée derrière quelque fortification, on ne comprenait pas, disons-nous, ces propos du bout des lèvres prudentes :

— On ne l'empêchera pas de sortir !... SA Lunade dure huit jours !... IL ne passera pas SA fête dedans !...

Hier, après les feux du Trech et autres, quelques gaillards, dont M. le maire J.-B. Tavé a particulièrement froissé les traditions par son coup post-électoral, se sont introduits, par complicité ou ruse, à la cathédrale et ils ont enlevé nuitamment, la statue populaire ; puis, ce matin, au jour, ils ont fait « leur » procession et sont rentrés en chantant à la cathédrale, applaudis par les gens vertueux qui voient lever l'aurore...

Sous le porche, un Magnificat a été chanté à la suite duquel des cris de : Vive la liberté ! ont été poussés avec animation.

Plusieurs personnes qui s'étaient rendues à la Cathédrale pour accomplir comme d'usage durant l'octave de la Saint Jean le vœu de la ville de Tulle, se sont jointes à ce groupe.

Eh bien ! si M. Tavé, Jean-Baptiste, très Jean et très Baptiste, veut faire une popularité à ces braves gens qui ne la recherchent pas encore pour entrer au Conseil municipal avant lui, qu'il les fasse donc poursuivre !...

C'est un autre défi.

La tradition rapporte qu'en 1793 un homme fit un sort à ses vieux jours pour avoir « sauvé saint Jean ; » et on dit que s'il finit par mourir, ce ne fut pas, tant on se disputait le plaisir de trinquer avec lui, de la pépie qu'ont les coqs altérés.

Les manifestants de ce matin ont franchi le parvis, parcouru la voie publique et chanté aux oreilles municipales, eh bien ! qu'il agisse, M. l'officier de police judiciaire Tavé, Jean-Baptiste !...

Est-il vrai que ce matin, M. le maire Tavé (J.-B.), ait été inter-

pellé sur la place par des jardinières qui lui demandaient avec insis-
tance le mal qu'avait fait son patron pour avoir interdit la Lunade ?

Est-il vrai que des cierges aient été offerts au même personnage,
place d'Arche, au moment où il se rendait au Tribunal, et avec une
obstination qui a fortement gêné le malheureux filleul du Précurseur, décidément de plus en plus ridicule ?

Quand les espions de la Prusse feront connaître ces précautions à
l'état-major de Berlin, l'Allemagne saura qu'à présent l'armée française ne s'aventure plus à la légère et qu'on ne la surprend plus ¡¡¡
— (*Corrézien*, 26 juin.)

CORRESPONDANCE

M. Tavé, maire de Tulle, vient, bien involontairement il est vrai,
de rendre à la cause catholique dans notre ville un signalé service
dont nous n'avons qu'à lui savoir gré : il s'est chargé de ridicule en
nous couvrant de gloire, mais en faisant, malheureusement, jouer à
l'armée un bien triste rôle.

Un régiment mobilisé pour cerner une cathédrale, des brigades de
gendarmerie à cheval pour empêcher quelques fidèles, un saint de
bois bien vermoulu, de sortir. Voilà ce que nous a réservé la République, fièrement drapée dans ces vains mots : Liberté, Egalité, Fraternité. Liberté, où donc ? le flagrant délit d'aujourd'hui nous dis-
pense de commentaires ; on interdit une procession gênante, dit-on,
pour la circulation publique ; et les milliers de curieux qui escor-
taient il y a quelques mois les pompes ridicules de votre premier
adjoint ne gênaient-ils donc rien ?

Quant à la Fraternité, il y avait parmi ces jeunes soldats, qui
n'ont que la consigne, des frères qui auraient peut-être été obligés
de tirer sur leurs sœurs, des fils sur leurs mères, sans compter les
malheureux séminaristes-soldats que le sort avait, dit-on, placés au
premier rang pour arrêter leur évêque.

Notre petite place était fort jolie en état de siège et nous paraiss-
sions vraiment crânes traversant les lignes ennemies pour rendre à
notre vieux saint Jean les honneurs qui lui sont dus.

Il est dans l'ironie des choses de constater que la plus belle manifestation faite en faveur du saint cher à notre cité vient précisément
d'un maire répondant aux prénoms de Jean-Baptiste, celui-là même
dont nous célébrons aujourd'hui la fête.

Saint Jean jouit à Tulle d'un culte peut-être excessif, car, tandis
que Dieu était consigné dans ses églises, lui seul avait droit, une
fois par an, de traverser la ville sur une petite longueur et même
d'escalader la montagne pour accomplir un vœu six fois séculaire.
La précédente municipalité, bien que radicale, n'avait osé lui enlever
ce privilège ; il fallait qu'elle s'adjoignît l'épithète de socialiste pour
le tenter. Et qui blesse-t-on cependant ? la foi un peu superstitieu-
sement naïve des petits et des paysans qui attribuent au Précurseur
un pouvoir extrême à la cour céleste, et que l'on voit accourir de
bien loin pour suivre la vénérable image.

Elle est vraiment pittoresque la procession, à la nuit tombante,
déroulant ses lumières dans les chemins ombreux et escarpés de nos
collines.

De par la volonté de la majorité de nos édiles, nous voilà privés
de ce bonheur cette année. Mais non ! vif émoi dans la population,
il faut protester, sortir quand même, ne pas supprimer au bon saint
sa petite promenade habituelle qu'il a faite même aux jours les plus
noirs de la Révolution, il est vrai dans un sac. Emoi plus vif à l'hôtel
de ville : on tremble, et la peur les fait recourir bien vite à la force
armée. Voilà pourquoi, Mgr Denéchau, mitre en tête et crosse en
main, suivi de son clergé et de son grand séminaire, ainsi que de
l'élite de la société tulliste, parmi lesquels la presque totalité des
membres du barreau, ne se solidarisant guère avec leur confrère,
descend les degrés de sa cathédrale, escortant la statue si vénérée,
dix gendarmes à cheval lui barrent le passage. Force est donc de
retourner en arrière. Mais vaincus nous avons meilleure allure que
les vainqueurs.

Aux cris mille fois répétés de *Vive Monseigneur !* Sa Grandeur
monte en chaire et proteste énergiquement. Un *Te Deum*, chanté
en chœur, puis nous sortons toujours entre deux haies de soldats.

Que dire d'un pouvoir qui se livre à pareils abus, et qui s'appuie
sur tant de force ?

Un mot pour finir : la manifestation a été fort belle, peut-être
un peu trop pacifique, tout au plus une petite guerre, dans l'état
des esprits, un coup de feu n'eût pas mal fait ; mais on dit que nos
soldats n'avaient point de cartouches. Comédie alors ! car si l'on
nous croyait capables de causer du trouble, pourquoi ne pas prendre toutes les mesures nécessaires pour nous en empêcher ?   X.

— —

De par ordonnance du maire de Tulle le F∴ Tavé, on ne passe
pas. La circulation est interdite, la gendarmerie fait résonner le sol
du sabot de ses chevaux, les troupes sont en tenue de campagne,
l'arme au bras : la ville est en état de siège. La patrie est-elle donc
en danger ? l'émeute gronde-t-elle dans nos murs ?

On le croirait à moins et pourtant que se passe-t-il ? C'est aujourd'hui la fête de saint Jean, la fête du patron de notre vénérable
maire Jean le Baptiste ; les femmes sont venues continuer la vieille
tradition et faire escorte à travers les champs et les bois à la statue
de leur saint privilégié ; les enfants ont aussi leurs poches garnies
de « serpentous », prêts à saluer le cortège de leurs rires joyeux.
Mais tout cela est terriblement audacieux. M. le maire ne veut pas
que son patron aille faire sa petite promenade annuelle, il a exhumé
du fond des archives municipales un vieil arrêté prescrit par le non
usage, et faisant feu des quatre pieds, il se trémousse et éternue
dans le silence de son cabinet, entouré de ses adjoints, et pense,
comme Jupiter, faire trembler tout l'Olympe.

Pareil à un général, suivant de loin les péripéties de la lutte et
transmettant ses ordres, il attend les événements loin de la bagarre
prévue et se réjouit à la pensée que la statue de saint Jean ne sortira pas.

Cinq heures sonnent, la foule se masse sur les points que les troupes n'occupent pas, la grande cloche sonne à toute volée, le mo-

ment approche où la vigueur de M. le Maire va se montrer au grand jour.

Le vieux moustier est investi comme une place forte, on ne passe pas et il faut circuler. On rit dans la foule et on s'amuse en voyant toutes les forces déployées pour arrêter quelques prêtres, des femmes et des enfants. C'est la loi pourtant, elle est dure et nous devons la respecter. Respectons, puisqu'il le faut, mais jugeons quand même.

Cinq heures et demie viennent de sonner, la cloche qui s'était depuis un instant tue vient à nouveau de faire retentir sa grande voix, les gendarmes en rang serré s'avancent presque à l'entrée du porche, les prêtres sortent et se heurtent à la maréchaussée qui, impassible et sans provocation, remplit la mission qui lui a été confiée. Mgr l'Evêque de Tulle, couvert de la mitre, s'avance alors jusqu'au commandant de gendarmerie et parlemente avec lui, mais ces pourparlers sont vains et la sortie est empêchée. Alors se produit un spectacle aussi saisissant qu'étrange. D'un côté la force armée exécutant sa consigne, de l'autre, les prêtres et les fidèles, cernés dans leur église, entonnant des cantiques et faisant retentir les airs de leurs chants d'espérance et de foi. Ce devait être ainsi dans la Rome ancienne, au temps des persécutions, lorsque les premiers chrétiens, enfermés dans l'arène, allaient au-devant du martyre en chantant les louanges du Dieu Rédempteur.

Mais toute tentative reste infructueuse et saint Jean doit réintégrer son autel. La procession n'aura pas lieu et la cathédrale se remplit à nouveau. Alors, du haut de la chaire, dans un langage élevé et plein de dignité, Mgr Denéchau fait entendre une vigoureuse protestation contre la violence faite aux convictions des chrétiens de notre ville, pendant qu'au dehors la troupe continue à cerner de pauvres inoffensifs.

Saint Jean, de par la volonté du maire, n'est pas sorti, mais la procession a eu lieu et, les uns après les autres, des groupes se sont formés et ont commencé le si poétique tour de la Lunade et, le crépuscule venu, combien touchante a été la manifestation de ces croyants qui, le pèlerinage accompli, ont regagné leur église en chantant le *Magnificat*.

Et voilà une coutume effacée, disparue, coutume bien populaire pourtant, vieille de plusieurs siècles, n'offensant personne et dont le caractère mi-religieux et mi-profane aurait dû conserver la durée.

La raison de cette suppression est facile à trouver : c'est une vengeance de la procession de la Toussaint. La puissante loge a voulu avoir le dernier mot et les barbes qui la composent rageaient de voir que l'énergie dépensée restait sans résultat. Quand donc verrons-nous l'interdiction faite aux prêtres d'accompagner les morts à leur dernière demeure ? Cela s'impose maintenant. Ce jour-là, le Frère Tavé pourra officier en grand pompe et bénir dans le néant. Sa gloire n'en sera que plus grande et ses robustes épaules supporteront allègrement avec les fonctions municipales, celles de *pontifex maximus*. Son ambition sera peut-être satisfaite à moins qu'il ne lui faille l'écharpe de député, mais *qu'ei pas fa cossi*.

Un Indépendant.

*
**

Le succès couronne vos efforts et le fou rire gagne la foule. C'est là un résultat auquel vous ne vous attendiez guère. Les processions de Saint Jean sont interdites sur tout le territoire de la commune de Tulle, aux termes d'arrêté, signé, pour copie conforme : Tavé Jean, Maire de Tulle. Qui donc s'en douterait ici ? Chaque jour plus compacte, la foule s'en va processionnant, chapelet et rameau en main, cantiques à la bouche.

C'est ennuyeux !... quoi que l'on fasse et de quelque main agacée que l'on caresse sa barbe, on ne trouve rien à opposer à un tel courant d'idées. Les beaux jours de la Fronde sont revenus à Tulle et malgré tous les interdits, Saint Jean sort le matin, et le soir on l'acclame.

Le Tour de la Lunade n'a jamais été fait avec une telle ardeur. Les pèlerins, jadis peu nombreux, se sont décuplés, centuplés même et, pendant ce temps, le pauvre maire ricane tristement en contemplant son ouvrage.

« La foi est d'une autre époque, disait-il, tout cela est suranné et « il n'est pas admissible que dans une ville où la *Lumière* et le « *Grand Architecte* de l'*Univers* règnent en maitres, nous puissions « tolérer sur la voie publique des pratiques religieuses. Je n'aurai « qu'à parler, tout rentrera dans le silence. Saint Jean ne quittera « plus son autel et les prêtres trembleront de peur et d'effroi. Ma « voix est puissante, ma colère terrible. Supprimons ! supprimons ! « *Sic volo, sic jubeo, sit pro ratione voluntas.* »

Mais le rêve était trop beau et le réveil a été plein d'amertumes.

Tulle n'écoute plus la parole sacrée de son maire, et loin de dresser des barricades pour empêcher Saint Jean de passer, on illumine sur son passage et on applaudit.

Et ce n'est pas fini. Autrefois, il y avait une procession, tandis qu'aujourd'hui on en fait tous les jours.

Quel joli résultat, quelle suppression !

Risum teneatis, amici !

Pauvre maire de Tulle, votre barbe blanchira, votre face se ridera et la mort vous prendra, mais Saint Jean continuera à aller faire son tour au bois.

Vive Saint Jean !
Vive la Liberté !

(Corrézien, 27 juin.) Jean KIRI.

*
**

L'*Agence Havas* nous communique le résultat de la victoire remportée par l'armée française à Tulle contre « la levée de crosses », comme disent les journaux ministériels.

Ce récit est vraiment un article de *La Croix*, égaré dans l'*Agence Havas*, et nous rentrons dans notre bien en le publiant ici :

« Tulle, 23 juin. — L'évêque de Tulle ayant annoncé publiquement qu'il présiderait la procession six fois séculaire de la Lunade, seule tolérée jusqu'ici et interdite cette année par la municipalité, des précautions militaires avaient été prises et dix gendarmes à cheval et une (lisez : six) compagnie du 80e gardaient les abords de la cathédrale sous les ordres du commandant de gendarmerie et d'un chef de bataillon d'état-major venu exprès de Périgueux. Deux autres compagnies étaient disposées dans la banlieue, sur le parcours habituel de la fête votive.

« Après les cérémonies habituelles, à 5 h. 1/2, lorsque le clergé qui portait la statue de Saint-Jean atteignit la limite du parvis, la gendarmerie à cheval barra le passage et le commandant arrêta le cortège.

« Aussitôt l'évêque parut en mitre et crosse en main. Il eut un court colloque avec le commandant de gendarmerie, puis il le quitta après lui avoir serré la main.

« Rentré dans la cathédrale avec le clergé et la statue, Mgr Denéchau donna lecture en chaire d'une protestation écrite, que l'assistance nombreuse a applaudie.

« Les prières liturgiques ont repris, puis le curé de la paroisse a remercié la foule de son attitude empressée.

« Les fidèles feront leur procession habituelle dans la soirée et ils illumineront à leur retour.

« La gendarmerie et l'armée occupent encore leurs positions.

« Tulle, 23 juin. — La procession de la Saint-Jean, sans clergé, a eu lieu à 8 h. 1/2 ; l'assistance très nombreuse chantait des cantiques.

« La troupe s'est retirée.

« La ville est illuminée. »

Si les catholiques savaient protester par le nombre contre les 20.000 maçons qui font la loi, nous aurions souvent ce spectacle de la troupe à pied et à cheval venant à nos processions, il est vrai pour les interdire en ce moment ; mais combien on comprend que ces escadrons sont tout prêts à faire volte-face sur un signe !

Et puis, n'est-ce pas déjà un honneur que ce déploiement de force ? Et la procession de la Lunade, à Tulle, avec sa foule et ses illuminations, n'a-t-elle pas trouvé, en 1896, une splendeur qu'elle n'avait pas encore eue depuis 600 ans ?

La France catholique remerciera Mgr de Tulle d'avoir donné occasion à ce spectacle, digne du vaillant évêque, pèlerin de Jérusalem.

(Croix, 25 juin.)

*
**

Mobiliser la gendarmerie et l'armée, employer de braves et honnêtes soldats à une besogne aussi ridicule qu'odieuse, faire d'eux des geôliers gardant les portes d'une cathédrale transformée en une sorte de prison pour les catholiques, c'est véritablement dépasser les limites du grotesque et de l'insolence. Qui a donné de pareils ordres ?

(Univers du 25 juin.)

*
**

L'Armée et les Processions

Nous voudrions bien savoir ce que nos braves camarades de l'armée active pensent du rôle qu'on leur a fait jouer dans les récents incidents de Tulle.

Nous voudrions bien savoir, aussi, sur quel texte s'appuient tous nos tyranneaux de province, pour s'arroger le droit de requérir l'armée lorsqu'il s'agit d'empêcher des catholiques de sortir de leur église et d'affirmer publiquement leur foi.

Pour moi, je cherche en vain une explication à ce rôle, ou un texte de loi que l'on puisse invoquer en la matière. Je ne trouve rien, sinon la bêtise et la haine du sectaire jointes à l'arbitraire le plus absolu.

Vous confondez, messieurs les maires francs-maçons, l'armée avec la police.

Si la loi vous autorise à requérir les policiers pour faire respecter vos arrêtés (si ridicules qu'ils soient) elle ne vous permet pas d'appeler l'armée pour de telles besognes. Le rôle de l'armée, ne l'oubliez pas, ne commence et n'a jamais commencé, sous aucun des gouvernements respectueux de la liberté des citoyens, que lorsque la violation des lois prend le caractère de la révolte ou de l'insurrection.

Les réquisitions qui viennent d'avoir lieu et auxquelles nous sommes vraiment surpris d'avoir vu l'autorité militaire se prêter, sont des actes de pur arbitraire comme on en voit tant, hélas ! aujourd'hui. Tout soldat qui ne confond pas son rôle avec celui d'un agent de police, verra avec peine l'autorité supérieure accepter une pareille interprétation des règles qui déterminent le droit à la réquisition des troupes. Quant à nous, nous sommes absolument navrés d'avoir à constater qu'un général, ministre de la guerre Français, puisse permettre des abus aussi monstrueux que ceux qui viennent d'être commis à Tulle. Aussi comprenons-nous à merveille l'indignation de Mgr Denéchau.

En tout cas, la garnison de Tulle a dû être bien peu flattée du rôle qu'on lui a imposé, car il est loin de grandir aux yeux du pays le prestige de notre armée.

Les catholiques de cette ville étaient-ils en révolte contre la loi ? Avaient-ils seulement l'intention de s'insurger ? Non certes ! ils voulaient tout simplement affirmer publiquement leur droit à la liberté.

Monsieur le maire pouvait mobiliser sa police pour verbaliser contre les délinquants ; mais en allant jusqu'à réquisitionner l'armée il outrepassait ses droits, et M. le ministre de la guerre avait le devoir de lui rappeler le vrai sens du règlement sur le droit de réquisition des troupes. Il faut regretter qu'il ne l'ait pas fait et plaindre nos malheureux soldats d'avoir été contraints à jouer, dans les incidents dont nous venons de parler, un rôle pour lequel ils ne sont pas faits.

(*Peuple Français*, 30 juin.)   V. de Granzial.

*
**

Maître Tavé

« Quoique j'habite bien loin de Tulle, depuis bientôt un quart de siècle, du fond de ma solitude je pense souvent à la petite cité si intelligente, si active, gouailleuse parfois, mais toujours *immuable et fière* dans sa foi : ses tristesses sont mes tristesses, ses joies et ses triomphes pacifiques me réjouissent l'âme et le cœur.

« Quand je visitai Tulle pour la première fois en 1854, je fus singulièrement embarrassé, après deux mois de latinité, pour donner un sens à deux inscriptions peintes sur les murs de son vieux collège. La première était ainsi conçue : *Unam time !* Elle était au-dessous du cadran solaire qui dominait le cabinet du Principal : « Craignez une heure ! » La deuxième, plus embarrassante, se lisait sur le fronton des classes ; si j'ai bonne mémoire, la voici dans son texte : *Nullum munus Reipublicæ offerre majus meliusve possumus, quam si Docemus atque erudimus Juventem.* (Cic., *De offic.*)

« Que j'étais loin de me douter qu'un temps viendrait où, durant neuf ans, je remplirais pour l'Etat, dans ce même collège, une des fonctions les plus nobles et les plus utiles : celle d' « enseigner et d'instruire » la jeunesse !

« Vous me demandez dans votre lettre, à l'occasion des tristes et glorieux événements dont Tulle vient d'être le théâtre à propos de la procession populaire de saint Jean-Baptiste, dite *Tour de la Lunade*, événements dont les grands journaux de Paris, reproduisant ceux de la province, m'apportent les échos, si j'ai gardé souvenir des *élèves*, devenus les maîtres qui oppriment aujourd'hui Tulle et sont les auteurs involontaires des manifestations religieuses et libérales qui viennent d'y avoir lieu ?...

« Je puis vous satisfaire en partie.

« Comme je me fais honneur d'appartenir à la vieille roche des professeurs chrétiens, j'ai gardé dans mes cartons, non-seulement les noms de ceux qui furent « sous ma coupe » mais encore la mention des succès qu'ils obtinrent et des notes qu'ils méritèrent.

« Parmi les élèves de mon temps, je trouve les principaux chefs qui de près ou de loin tyrannisent actuellement la population tulliste.

« Les succès qu'ils obtinrent dans leurs cours vous diront leur valeur intellectuelle ; vous connaissez par ailleurs leur valeur morale.

« Le premier en vue est bien Jean-Baptiste Tavé, Tavé, le plus coupable et le plus à plaindre : le plus coupable parce qu'il est le plus intelligent, le plus à plaindre, parce que la malice n'est point le fond de son caractère.

« Il appartient à une famille fort modeste mais très chrétienne implantée à Tulle. Son père, Jean, originaire du bourg de Saint-Julien-Maumont, près Meyssac, tenait, place d'Arche, près la maison de Burg, un petit entrepôt de vin du pays. Je le vois encore, avec son tablier gros bleu de bâche, accompagnant jusqu'à la porte du collège son petit « Jean-Baptiste ». Sa mère, née Marie Lallé, du Puy-du-Trel, commune du Puy-d'Arnac, parente par alliance du R. P. Joseph Malmartel, oblat de Marie, qui vient de s'éteindre au Canada, après un long apostolat dans les glaciers du Texas, tenait une buvette près du chai de son mari ; foncièrement chrétienne, elle s'informait chaque jour de la conduite du « cher Baptiste », en qui elle mettait ses plus belles espérances, auprès des professeurs qui suivaient la rue et passaient près de son débit.

« Né le 1er août 1856, à huit heures du matin, jour de saint Pierre-aux-Liens, Jean-Baptiste Tavé fut baptisé à la Cathédrale, le quatre du même mois, fête de Saint Dominique, par le vicaire Patrice Laroche, aujourd'hui prélat de la maison du pape Léon XIII ; il eut pour parrain Jean Tavé et pour marraine Marie Lallé, née Malmartel.

« Il fit sa première communion dans la modeste chapelle du collège le jeudi deux avril 1868 ; son père et sa mère communièrent à ses côtés ; et firent leur première communion en même temps que lui : Marie-Hélène-Léonard-Aimé Audubert, François Mougenc-de-Saint-Avid, Marie-Léonard Bernard, Eugène-Charles-Léon Blondeau, Léon Laborderie, Philippe Lapetitie, Bernard Laval, Alexis-Barthélémy Materre, Jean-Rémy-Eugène Mélinette, Jean Pastrie et Pierre-Joseph Ravet.

« *Jean-Baptiste* faisait le treizième ! Allez dire maintenant que le nombre treize n'est pas un nombre malheureux ! Le nombre un ne l'est guère moins...

« Tous les pensionnaires du collège, au nombre de soixante-dix-neuf, principal en tête, gagnèrent leurs Pâques ce même jour. M. le vicaire Labrousse leur adressa avant et après la communion quelques mots fort émouvants, et le soir, pour la rénovation des promesses du baptême, ce fut M. l'abbé Lassave, ancien aumônier du collège, qui porta la parole en fort bons termes sur « l'Esprit de Dieu qui doit animer les élèves de préférence à l'Esprit du Démon », la quête du denier de saint Pierre, faite par l'élève Henri Rabot, produisit une très appréciable somme.

« Le vendredi, 12 juin, de la même année, Jean-Baptiste Tavé, ainsi que ses camarades de première communion, auxquels était venu s'ajouter le nommé Baron, reçut dans l'église de l'Hospice, le sacrement de confirmation des mains de Mgr Berteaud, d'illustre et sainte mémoire, évêque de Tulle.

« Qu'il le veuille ou non, Jean-Baptiste Tavé porte dans son âme le caractère indélébile d'enfant de Dieu, de soldat de Jésus-Christ. et le sang de l'Homme-Dieu a coulé pendant plusieurs années dans ses veines. Chaque mois la première année, et ensuite tous les trois mois, jusque dans les hautes classes, cet enfant remplissait ses devoirs religieux. Il était du nombre ceux qui, par leur docilité, leur bonne conduite et leurs sentiments religieux, avaient su gagner les bonnes grâces de l'aumônier, et je crois fermement que si ce dernier vivait encore, il aurait su aller au cœur de ce pauvre égaré, en lui rappelant les vertus de sa mère et les émotions de sa première communion : qui sera son bon Samaritain ?

« Les succès de l'élève Tavé, au collège de Tulle, jusqu'en seconde, ne sont ni des moindres ni des plus brillants ; je les ai notés d'après les palmarès depuis le petit collège (1862), jusqu'en 1874, quand je quittai l'enseignement :

« Cela débute par les jolis prix de « bonne conduite et application », se poursuit par les récompenses d' « instruction religieuse » et se clôture par le cinquième accessit de discours latin et le premier prix de dissertation française, aux concours académiques de rhétorique et de philosophie, en 1873 et 1874.

« Baptiste Tavé, sans briller comme une étoile, jetait donc sur ses études secondaires un éclat méritoire et qui présageait mieux qu'il n'a tenu pour l'enseignement supérieur, où il s'est arrêté avant d'aborder le doctorat en droit, comme ses confrères du barreau tulliste, Mrs de Saint-Avid, Floucaud-Pénardille, Beyrand, Louis Lacoste. »

(*Corrézien*, 12 juillet.)   Un ex Universitaire croyant.

Le Docteur Valette

A tout seigneur tout honneur. Après la biographie de maître Tavé (Jean-Baptiste), maire de Tulle pour notre honte, donnons celle du 1er adjoint, le docteur Valette (Gabriel-Jean-Baptiste).

Il a dépassé la quarantaine. La famille à laquelle il appartient est une des plus anciennes de la ville. Plusieurs des membres qui la composent ont été armuriers de notre manufacture, gens honnêtes et même chrétiens, qui ont dû gémir de l'attitude antireligieuse prise par le docteur.

Il entre au collège de Tulle en 1862 et débute en faisant la huitième qu'il redouble. Grâce à la répétition de cette classe, notre futur Hippocrate y obtient des succès, jamais en *instruction religieuse*. Pour cette dernière branche, il ne paraît pas qu'il ait poussé bien loin ses études. C'est ce qui l'innocente un peu, car en faisant un jour l'esprit fort, lui aussi sera du nombre de ceux qui ne savent pas ce qu'ils font. — A partir de cette classe, les couronnes sont de plus en plus rares jusqu'à la seconde où il paraît se réveiller. — En somme, élève très ordinaire. Il sort du collège en 1871 après sa philosophie. La capitale l'attire, nous le garde quelques années et enfin nous le rend avec le diplôme de docteur en médecine. Que ne le gardait-elle toujours !

La nature qu'il soulage en ses clients ne l'a pas flatté au physique, en lui donnant une tête qui fait penser malgré soi à celle de ces diables qu'on enferme dans des boîtes et qu'on fait sortir soudain pour effrayer les enfants. Figure aussi allongée que possible, regard fixe et oblique, barbe abondante comme celle d'un paysan du Danube, le tout couronné, aux grands jours, d'un petit chapeau mou posé sur le côté et le plus souvent d'un *Panama* à larges bords, qui achève de lui donner un air capable de vous *méduser* et pas rassurant du tout pour ceux qui ne le connaissent pas.

De ses fonctions intermittentes de pontife luciférien il garde une roideur artificielle et empesée sous laquelle il dissimule et comprime en public un tempérament, dit-on, violent. Vénérable de la Loge, il joue partout au vénérable. Il parle avec une lenteur affectée et une politesse calculée ; il marche à pas comptés

Plus qu'un recteur suivi des quatre Facultés;

il charme ses promenades fréquentes et solitaires en sifflotant ou en fredonnant.

Il y a du *Baphomet* dans cette figure, ainsi que dans la physionomie de Tavé à la barbe de bouc, et la ressemblance avec l'idole va s'accentuant d'année en année chez nos deux compères. Le docteur Valette a tellement conscience de cette ressemblance qu'au bal déguisé du *Fils à papa*, il s'habilla en *Méphisto*. Il était absolument dans son rôle. Pour illustrer le *Faust* de Gœthe ou pour jouer le personnage infernal dans l'opéra, on ne saurait trouver une tête plus réussie. Il n'aurait pas besoin de se grimer. Avec cela, il joue à l'homme aimable dans les rares salons qui s'ouvrent devant lui, cultive la danse, la déclamation et la chansonnette... en un mot, rappelle aux témoins de ses efforts certaine fable de La Fontaine intitulée : *l'Ane et le petit Chien.*

Tel est en raccourci le portrait de l'homme qui préside à Tulle aux séances et aux destinées de la Loge, portrait peu attrayant, mais fidèle ; le moral est encore plus vilain.

C'est le type du sectaire, du sectaire à froid, possédé par l'esprit du mal, par la haine de tout ce qui est religieux. Au conseil municipal, où l'ont fait entrer, en octobre 1887, non les sympathies qu'il a, mais les agissements des F∴ et compagnons, il a toujours témoigné de son intolérance maçonnique. Citons-en quelques exemples.

En juin 1893, sentant près de lui maitre Tavé dont il a été le mauvais génie et qu'il tient absolument sous sa coupe, c'est lui, enfant de Tulle, qui propose de supprimer la procession de saint Jean, son patron ; il émet des vœux pour la dénonciation du Concordat, fulmine contre la soi-disant vénalité du clergé, essaie même dans sa rage de baver contre sœur Julie, cette sainte religieuse vieillie dans la pratique de la charité la plus populaire. A l'hospice où il est, selon le programme des Loges, délégué du conseil municipal, il a taquiné longtemps les religieuses, tâché *d'embêter* l'aumônier, il poursuit la suppression de l'aumônerie et la laïcisation, au nom de la liberté de conscience.

Enfin, — car il faut se hâter de détourner les yeux d'un être aussi hideux, — pour amuser et tromper la plèbe qui l'a élu au second tour par un millier de voix sur 4000 électeurs, il collabore activement à la rédaction poisseuse d'une feuille de chou, vrai panier d'ordures dans lesquelles il se complait et dont il semble vouloir se faire une spécialité.

Que Tulle ait produit un tel enfant, c'est peu flatteur pour la cité. L'avoir pour adversaire fait l'éloge de ceux qu'il poursuit et de la religion qu'il voudrait détruire. Il la glorifie à sa façon, et à ce titre la silhouette de notre docteur devait paraître en cette page d'histoire.

Du Purgatoire, 2 novembre 1896.

LA TRUELLE

Air : *Ménage du vieux garçon,*
Ou : *Les Châtaignes du Limousin.*

————

I

Je suis un avocat morose,
Mais un garçon plein de gaité ;
Sur mon compte le peuple glose,
Ma foi, j'en suis fort embêté.
La médisance est bien cruelle,
Mais quelque jour on se taira.
Je suis Maçon : j'ai ma truelle ;
Le reste ira comme il pourra.

II

J'ai fait des tours de passe-passe,
Dans plus d'un j'eus un vrai bonheur ;
Et pour un trait qui les surpasse
J'ai mérité la *croix d'honneur* ;
Mais on dit que cette cruelle
Sur moi jamais ne brillera.
Je suis Maçon ; j'ai ma truelle ;
Le reste ira comme il pourra.

III

Je siège en la Ville-Lumière,
Au temple de la rue Cadet.
De ma ville je suis le maire,
Quoique monté sur un baudet.
Devant ma mine peu rebelle
Le beau sexe s'extasiera.
Je suis Maçon ; j'ai ma truelle ;
Le reste ira comme il pourra.

IV

Si j'aime le sexe fragile,
Je déteste le clérical ;
Et, quand il veut sortir en ville,
Je fais dresser procès-verbal.
Comme d'abus il en appelle :
Le Conseil d'Etat jugera.
Je suis Maçon ; j'ai ma truelle ;
Le reste ira comme il pourra.

V

Je veux démolir les églises
Et bâtir des Edens-Concert ;
Je veux que les *filles soumises*
Ici soient libres comme l'air.
Pour elles et rue et ruelle,
Et le « nouveau monde éclora ! »
Je suis Maçon ; j'ai ma truelle ;
Le reste ira comme il pourra.

VI

Si la mort de sa main de glace
Frappe un F∴ dans mon Conseil,
Des curés je prendrai la place ;
Et dans un pompeux appareil
« *Ma main, pour la vie éternelle,*
« *Dans le néant le bénira.* »
Je suis Maçon ; j'ai ma truelle ;
Le reste ira comme il pourra.

VII

O Boudigal, lève la tête,
Tu portes le roi des Maçons :
Elève ta queue en trompette,
Et fais entendre de beaux sons.
Des nymphes, ma troupe fidèle
En dansant t'accompagnera.
Je suis Maçon ; j'ai ma truelle ;
Le reste ira comme il pourra.

(*Corrézien*.)

VIII

Cholédoquecoulant, avance,
Avec ta barbe de sapeur.
Ton instrument me donne transe...
Hélas ! je suis atteint au cœur.
Je le sens, j'ai du plomb dans l'aile :
Bientôt mon règne finira.
Je suis Maçon : j'ai ma truelle ;
Le reste ira comme il pourra.

IX

Oui, mon crédit s'épuise vite ;
Mes plus beaux jours sont terminés.
On dirait que chacun m'évite ;
On me ferme la porte au nez.
Je vais à ma loge fidèle ;
Là du moins on me recevra.
Je suis Maçon ; j'ai ma truelle ;
Le reste ira comme il pourra.

X

Maçon, sans que rien te déroute,
Va, moque-toi des préjugés,
Mais que la mort t'attrape en route,
Tes comptes sont mal arrangés.
Satan te tient par la ficelle,
Si tu dis, quand il te prendra : —
« Je suis Maçon ; j'ai ma truelle »,
Le reste ira comme il pourra.

Feu Anne VIALLE.

La Truelle de Jean Boudigal

Paroles d'Anne Vialle. — Musique
de Cholédoquecoulant, dit l'*Estuflor*.
Même air.

I

Récemment, j'eus la riche idée,
Pour faire niche à mon Patron,
De mobiliser une armée
Pour barrer... sa procession !
Mais on la fit encor plus belle,
Et l'on prétend qu'il m'en cuira :
Je suis Maçon, j'ai ma truelle ; (*bis*)
Le reste ira comme il pourra ! (*bis*)

II

La troupe, la gendarmerie,
Le sergent, le policier
Entourent la foule ahurie
D'un triple cercle d'acier !
Saint Jean sort : le fer étincelle !
— Moi, je me tapis comme un rat !
Je suis Maçon, etc.   (*bis*)

III

Le surlendemain de la fête,
Prenant sa revanche sans bruit,
Mon patron fit un coup de tête,
Car il sortit pendant la nuit ;
Et puis, quand vint l'aube nouvelle,
En triomphateur il rentra.
Je suis Maçon, etc.   (*bis*)

IV

Aussitôt je quitte mon gite
Pour m'en aller au « Parlement » ;
Et partout — ce qui me dépite —
On me rit au nez en passant.
Celui-ci m'offre une *chandelle*,
Et cet autre pousse un *hourra* !
Je suis Maçon, etc.   (*bis*)

V

J'envoie au *Tour de la Lunade*,
Sergents, gendarmes à cheval
Pour authentiquer l'incartade,
On trouve Lurette Nadal :
—*«Qu pourtavo tchein Dzan, ma bella?*
—*«Martzavo soul! l'ont pas pourta !»*
Je suis Maçon, etc.   (*bis*)

VI

Les jours suivants, c'est un délire,
Délire de processions
Qui vont ébranler mon empire
Jusques en ses fondations.
Heureusement j'ai la tutelle
Des *tabouts*, des. . *et cætera*
Je suis Maçon, etc.   (*bis*)

(*Corrézien.*)

VII

On illumine notre ville,
On acclame le clérical ;
Et ce qui soulève ma bile,
C'est ce que le parti social
Fait chorus à cette séquelle,
Me jouant avec ces gens-là !
Je suis Maçon, etc.   (*bis*)

VIII

Ma foi, j'en ai le cholédoque
Comme mon ami l'Estuflor,
L'an prochain, à pareille époque,
Ailleurs je prendrai mon essor !
Si le « vieillot » sort de plus belle,
Au moins je ne serai pas là.
Je suis Maçon, etc.   (*bis*)

IX MORALE

Les Tullistes qui sont des crânes,
Ne veulent pas être « embêtés » ;
Ils envoient promener les ânes
Qui entravent leurs libertés.
Vive notre patron fidèle !
Vive le Christ ! vive Saint Jean !
A bas le Maçon, sa truelle !   (*bis*)
Et tout ira parfaitement !

Feu Anne VIALLE.

QUELQUES EXTRAITS

DES

ADRESSES ET FÉLICITATIONS
REÇUES PAR MONSEIGNEUR

MONSEIGNEUR,

Les Rédacteurs de la *Semaine religieuse* se font un devoir, bien doux du reste, d'unir leur faible voix au concert magnifique qui s'est élevé de toutes parts, dans le diocèse et dans la France entière, pour crier : Bravo ! à Votre Grandeur, et la féliciter de sa fière attitude.

Certes, nous le savons, défenseur intrépide de toutes les saintes causes, vous recherchez avant tout les applaudissements du Ciel, et, dans votre modestie, vous allez jusqu'à dire que vous n'avez eu d'autre gloire et d'autre mérite que d'avoir été favorisé par les circonstances. Nous disons, nous, que vous avez été, comme toujours, à la hauteur des circonstances. Or, il faut oser l'affirmer, c'est un mérite trop rare aujourd'hui, et c'est aussi une gloire, pour un Evêque surtout, de savoir accepter les circonstances telles qu'elles se présentent, non pas pour les tourner ou les fuir, mais pour en tirer vaillamment la gloire de Dieu et le bien des âmes. C'est ce que vous avez fait, Monseigneur, et c'est pourquoi nous déposons aux pieds de Votre Grandeur l'expression émue de notre admiration et de notre reconnaissance.

Oui, nous aimons à le répéter, vous venez d'ajouter un fleuron à la couronne déjà si belle de votre épiscopat, et votre Clergé tout entier, et les catholiques de la ville et du diocèse, heureux et fiers d'avoir à leur tête un tel père et un tel Evêque, vous crient avec transport : Restez sur la brèche, vous y faites vraiment bonne figure !

Ces accents si nobles et si apostoliques qu'il nous a été donné d'entendre de votre bouche, dans ces jours de deuil, ont été comme l'explosion des sentiments que nous vous connaissions depuis long-temps. Ils ont trouvé, vous l'avez constaté avec bonheur, un écho fidèle dans nos âmes. Oui, nous vous suivrons avec un filial dévoûment, avec une respectueuse ardeur, comme il appartient à des enfants, et, avec vous, nous continuerons de crier, en revendiquant fièrement nos droits et nos libertés : *Vive Dieu ! Vive saint Jean-Baptiste ! Vive la liberté !* Et aussi : *A bas les francs-maçons !*

Daignez agréer, Monseigneur, etc.

LES RÉDACTEURS.

Voici d'abord les adresses de plusieurs conférences du diocèse :

« Vous nous rappelez les Basile et les Ambroise ; votre noble conduite est célébrée dans la France entière. Déjà j'aurais dû vous l'écrire ; pour vous envoyer mes humbles félicitations j'ai attendu la conférence. Je tenais à vous montrer que tous mes chers confrères du canton sont d'accord avec moi pour vous dire que de plus en plus nous sommes fiers de vous. Tous nous prions pour votre Grandeur. Puissiez-vous longtemps encore marcher à notre tête et nous encourager dans le bien ! »

« En union avec tous les prêtres du doyenné réunis hier, pour la conférence, je viens vous adresser un nouvel hommage de notre plus ardente vénération. Les honneurs que vous receviez récemment de la juste affection du Saint Père nous ont comblés de joie. L'intrépide résolution avec laquelle vous venez, cette semaine, de faire revivre sous nos yeux quelques-unes des plus belles pages de l'histoire de l'Eglise, nous remplit de filiale fierté. C'est notre évident devoir d'aimer de plus en plus notre Evêque, de l'admirer sans réserve, et quand il le voudra, d'imiter son courage. »

« Les scènes à la fois si tristes et si consolantes qui viennent de se dérouler à Tulle à l'occasion des processions de Saint Jean Baptiste, l'indicible enthousiasme qu'elles excitent encore dans tout votre diocèse, l'éclat qui en rejaillit sur votre auguste Personne, l'accroissement d'admiration et d'amour qu'elles vous valent à tant de titres, nous font un devoir et un besoin d'y prendre notre part. Les félicitations très méritées que vous adressez aux fidèles de votre ville épiscopale dans un langage ému et pénétrant, nous rendent pieusement jaloux et tous les fidèles de votre diocèse croient y avoir droit, car tous auraient voulu être autour de vous en ces heures mémorables pour affirmer hautement les droits de la sainte Eglise. Certes nous savions déjà tout ce que l'âme de notre Evêque renferme d'intelligence et de courage apostolique, mais la divine Providence veut bien de temps à autre en révéler au dehors l'éloquente manifestation. Qu'elle en soit bénie ! Le cri si catholique et si français que vous avez fait vôtre, ce cri vengeur et riche d'espérances : Vive la liberté ! résume la haute moralité de ces scènes dont vous êtes et demeurez le héros. Ce cri, il sera la devise de tous vos prêtres, ils aimeront à le jeter à tous les échos. Les prêtres du canton se font gloire d'être au premier rang de ceux qui applaudissent toujours aux grands actes de votre épiscopat, et réunis pour la conférence ils ont proféré d'une voix unanime et chaleureuse, cet autre cri du dernier drame de la Saint-Jean : Vive notre Evêque ! Vive l'Ambroise du diocèse de Tulle ! »

« La manifestation de Tulle a été grandiose ; elle est digne des temps apostoliques, grâce à Votre Grandeur ; permettez-moi de vous exprimer, en mon nom et en celui du clergé et des bons fidèles de mon doyenné, l'admiration et la reconnaissance dont nos cœurs débordent. Vous avez, nouveau saint Jean-Chrysostôme, vaillamment défendu les droits de Dieu et de Saint Jean : l'impiété est vaincue, Tavé (J.-B.) écrasé par le ridicule, et les bons chrétiens, et ils seront plus nombreux que jamais, encouragés. »

« Votre conduite, Monseigneur, nous a rappelé un trait cité dans la vie d'un grand évêque d'Orient, saint Basile-le-Grand. Appelé devant le préfet Modeste pour défendre la cause de son église, il le fit avec tant de force et de raison que le sectaire arien ne put que s'écrier : « Jamais homme ne m'a parlé avec tant de hardiesse... » « C'est peut-être, répondit saint Basile, parce que vous n'avez « jamais parlé à un évêque. » Si les magistrats de la cité, au lieu de se tenir à l'écart, s'étaient trouvés en face du pontife, sortant de sa cathédrale, entouré de son clergé, revêtu des insignes de sa dignité, s'ils avaient prêté l'oreille aux accents de cette protestation victorieuse, peut-être auraient-ils dit ou du moins pensé comme le préfet du tout-puissant empereur Valens. Votre conduite, Monseigneur, a fait revivre la vaillance des évêques du ive siècle ; nous sommes heureux et fiers de vous voir prendre rang parmi les plus courageux défenseurs de l'Eglise. Avec les fidèles de Tulle, avec nos confrères, nous disons de cœur et d'âme : Vive Monseigneur ! Vive l'Eglise ! Vive la Liberté ! »

« Les prêtres du doyenné réunis pour la conférence, tout glorieux de la conduite admirable de leur Evêque toujours sur la brèche pour soutenir les droits de l'Eglise et de la liberté religieuse, viennent déposer à vos pieds leurs humbles hommages. Ils regardent comme un devoir sacré et un honneur insigne de joindre leurs faibles voix au concert de tous leurs confrères du diocèse pour exalter, comme elle le mérite, votre fermeté inébranlable en toute occasion mais surtout à la procession de Saint Jean. Ils sont tout fiers et glorieux de marcher à la suite et sous les ordres d'un pareil chef. Que votre Grandeur veuille bien accepter leurs humbles félicitations avec leurs sentiments respectueux ! Que Dieu, exauçant leurs ardentes prières, daigne vous conserver de longues années au respect, à la vénération et à l'amour de vos enfants, pour sa plus grande gloire, le salut des âmes et l'honneur du diocèse de Tulle ! »

Du diocèse de Grenoble :

« Ici, vos amis se joignent à vos diocésains, pour applaudir à l'éloquente protestation et au superbe mandement, qui ont fait voir en Votre Grandeur un nouvel Ambroise, assiégé en son église et persécuté pour la religion. Par cette intrépide résistance, vous avez montré que vous n'aviez pas en vain reçu les titres illustres de Comte Romain et de Prélat Assistant au Trône pontifical. Votre généreux exemple ne peut que relever le courage des bons chrétiens et des honnêtes gens, pour revendiquer les libertés civiles et religieuses, contre la tyrannie des francs-maçons et des sectaires impies. »

Du diocèse d'Angers :

« Je veux voir en vous non seulement Ambroise, au seuil de sa cathédrale, flagellant l'iniquité, et revendiquant la liberté, avec l'accent du prophète, mais encore l'évêque vendéen, fort de son droit, debout sur les débris de la liberté, du trône et de l'autel, espérant bien voir un jour le triomphe d'une cause qu'il est prêt à défendre jusqu'au sang. En fait, cher Monseigneur, ce qui s'est passé à Tulle, est un coup de cloche à réveiller la France hypnotisée par la F. M. et sonner la délivrance. Je m'imagine que votre parole si victorieuse est un coup d'épée au ventre de la franc-maçonnerie dont il faut qu'elle crève. Le Tour de la Lunade interdit à saint Jean-Baptiste est dans la circonstance un crime irrémissible pour elle. Soyez sûr qu'elle s'est suicidée là, et que le Précurseur du Christ va devenir pour Tulle le précurseur de la liberté reconquise. Quoi qu'il advienne, votre place est acquise parmi les plus éloquents apologistes de l'Eglise... »

D'un prêtre de Saint-Sulpice :

« Arrivant en vacances dans notre cher pays corrézien, j'apprends dans tous ses détails et avec la plus grande joie, l'émouvante et grandiose manifestation des fêtes de la Saint Jean. Tulle et la Corrèze, la province et la capitale, je dirai presque le monde entier, retentiront longtemps encore des échos de la Lunade de 1896. En vérité, Monseigneur, vous avez su transformer une défaite en triomphe magnifique, grâce à votre sang-froid, à votre présence d'esprit et surtout à votre fière attitude. S. Jean-Baptiste doit être content de vous. Vos diocésains eux aussi sont contents, bien plus, ils sont fiers à la pensée qu'ils ont à leur tête un défenseur si intrépide de leurs plus saintes libertés. »

D'une supérieure de Congrégation :

« Vous connaissez les sentiments qui nous animent toutes à l'égard de votre auguste personne, aussi nous avons lu avec le plus vif intérêt vos luttes glorieuses, et si nos larmes se sont unies à vos larmes, à la vue de tant d'iniquité, notre admiration s'est également mêlée à celle de vos pieux diocésains, en voyant votre fermeté et votre courage. Avec eux, nous étions heureuses et fières de votre énergique attitude en face des oppresseurs de la sainte Eglise, et nous bénissons Dieu de s'être choisi un pareil défenseur. »

Du diocèse de Limoges :

« S'il est grand d'être évêque, il est encore plus illustre d'agir et de parler en évêque. La protestation éloquente de Votre Grandeur contre la violence faite à la sortie de la procession de la Lunade vaut à elle seule plus que la force d'un corps d'armée. »

D'un colonel :

« Permettez-moi, Monseigneur, de venir très respectueusement ajouter ma voix à toutes celles qui se sont certainement élevées contre un fait aussi étrange et aussi abominable! Permettez-moi aussi de vous dire combien je suis triste de voir des officiers de l'armée, mes camarades, forcés par l'obéissance passive de se trouver mêlés à si répugnante manifestation. »

D'un notaire :

« Mon appréciation est peu de chose ; si petite soit-elle, je crois qu'il est de mon devoir de venir vous crier, comme vos auditeurs de la cathédrale : Merci, bravo ! Si tous les catholiques tenaient le drapeau aussi haut et ferme que Votre Grandeur, l'ennemi prendrait la fuite ; jusqu'ici il n'a été audacieux que parce qu'on ne se défendait pas ; vous avez donné l'exemple comme un chef vaillant et expérimenté : les soldats vous suivront avec enthousiasme ; s'il en tombe quelqu'un dans la lutte, c'est le sort des batailles, ce seront les plus méritants. »

De Paris :

« Notre langue est si intransigeante qu'elle ne permet ni qu'on félicite ni qu'on admire ceux qui ont en tout droit qu'on leur obéisse. Que Votre Grandeur me permette au moins de lui dire combien je suis fier d'obéir à qui sait si noblement commander. Non, Monseigneur, nous ne désespérèrerons pas de la France tant qu'il y aura des Evêques pour lui parler comme vous l'avez fait l'autre jour, et tant aussi qu'elle saura répondre à leur parole comme la population d'ordinaire si indifférente de Tulle l'a fait à la vôtre. »

D'un Supérieur de séminaire :

« Votre conduite et vos paroles sont admirables : tous les cœurs honnêtes en sont profondément émus. La noblesse de votre attitude contribuera, j'en suis persuadé, à relever dans bien des âmes le courage chrétien. Vos prêtres, Monseigneur, sont fiers de vous et vous sont reconnaissants des beaux exemples que vous leur donnez. Cette impression que je recueille de toutes les bouches autour de moi, permettez-moi de vous l'exprimer comme un humble écho de la conscience publique que vous avez fait tressaillir et que vous fortifiez. »

Du diocèse de Bordeaux :

« J'ai lu hier votre protestation et je vous prie de me permettre de vous adresser mes respectueuses félicitations. Au milieu des lâchetés contemporaines, il est si bon d'entendre une parole épiscopale et française ! »

Diocèse de Saint-Claude :

« Votre noble protestation n'est point seulement, Monseigneur, émouvante pour vos diocésains ; elle réconfortera et soulagera toutes les consciences qui aiment à entendre les ministres du Christ proclamer hautement les droits de Dieu. »

D'un officier :

« Grand honneur au noble Prélat, Mgr Denéchau ! Vive Dieu ! nous avons enfin trouvé un homme. »

D'un prêtre de Paris :

« Permettez-moi de vous dire l'admiration que j'ai éprouvée et le bonheur que je ressens. Bien souvent, Monseigneur, j'ai pu parler aux prêtres de Paris de votre énergique indépendance et de votre courage tout apostolique ; mais je suis encore plus fier aujourd'hui de mon évêque et c'est en toute simplicité que je me suis cru le droit de m'associer au clergé de Tulle pour vous féliciter et vous remercier. »

Du diocèse d'Angoulême :

« Bien que je ne sois qu'un humble prêtre, c'est un besoin de mon cœur, de vous dire combien j'ai admiré votre belle et vigoureuse protestation. Il n'est que trop vrai, en ce noble pays de France où l'on ne parle que de liberté, les catholiques sont absolument foulés aux pieds, mais cela ne durera pas toujours. Que Dieu, Monseigneur, donne à son Église des évêques tels que vous, et la France catholique, se sentant enfin des chefs énergiques et résolus, se relèvera et triomphera ! »

Du diocèse d'Angers :

« Que Dieu vous bénisse, Monseigneur, pour votre courage à défendre les droits sacrés de la sainte Église, pour votre fierté en présence des ennemis de la religion que vous combattez avec tant d'intrépidité. Si vous aviez cherché la gloire humaine, vous l'auriez acquise, car tout ce qu'il y a d'honnête en France vous applaudit ; mais vous avez voulu la gloire de Dieu et vous la lui avez procurée. Si « vous avez été donnés en spectacle au monde », vous avez été surtout donnés en spectacle au Ciel, et saint Jean, j'en suis sûr, est content de la ville de Tulle et de son Évêque. »

Du diocèse de Tours :

« Nous vous connaissons trop pour nous être étonnés de votre conduite, et si votre exemple était plus imité, nous n'en serions pas là. L'attitude de la population a dû vous émouvoir et vous consoler ; nous étions émerveillés du pays, nous devons l'être de ses habitants. »

Du diocèse de Paris :

« Je viens de lire avec admiration vos éloquentes protestations contre l'odieuse tyrannie de nos gouvernants. Je ne puis moins faire que de m'associer aux vives sympathies que vous ont témoignées les catholiques de Tulle. Vous avez relevé leur courage et merveilleusement vengé l'honneur de la religion. Et quel exemple d'apostolique fermeté vous avez donné ! Ah ! Monseigneur, si tous les Évêques de France avaient agi depuis vingt ans comme vous venez de le faire, la franc-maçonnerie n'aurait pas aujourd'hui les audaces qu'elle prend, et le parti catholique serait le maître en France. Mais il n'est jamais trop tard pour faire son devoir et pour protester contre l'impiété triomphante. C'est ce que vous venez de faire avec un éclat magnifique. Soyez-en mille fois béni. Votre noble exemple sera suivi, espérons-le, et aura pour effet de donner de la cohésion et de la vigueur à votre peuple de Tulle et à d'autres. »

Du diocèse de Nantes :

« Si j'avais dix mille mains à mon service, j'en userais pour vous applaudir. Je suis fier de vous. Monseigneur ; et je bénis Dieu qui vous a donné un si mâle et si éloquent courage. Malheureusement vous n'avez pas assez d'imitateurs. Le silence est à l'ordre du jour. »

De Paris :

« Je n'ai pas eu le bonheur de faire partie de la foule qui vous entourait le 23, mais je sens, quand même, mon âme bien enthousiasmée en lisant vos belles et si dignes paroles que nous apporte la *Semaine religieuse*. Je ne puis résister au besoin de vous dire tout ce qu'elles nous inspirent de reconnaissance et d'admiration. Que Dieu donne à chaque diocèse des Prélats dont le cœur et l'éloquence sachent aussi bien défendre sa foi, sa liberté et sa sainte Église ! Saint Jean, si glorieusement et si courageusement honoré par vous, ne peut manquer de répandre ses meilleures bénédictions et sur le pasteur et sur le troupeau qui lui est si cher. »

De M. Delahaye, ancien député :

« Daignez permettre à un de vos compatriotes qui vient de lire votre courageuse et exemplaire protestation contre l'arbitraire interdiction du culte public, dans votre ville épiscopale, de vous apporter le tribut de sa reconnaissante admiration. Vous êtes des premiers à proclamer du haut de la chaire qu'il est temps de se souvenir du *Civis romanus sum* de saint Paul. Grâce à vous, tous les évêques de France seront bientôt forcés de vous suivre. Et ce jour-là, Monseigneur, les fidèles pourront faire de la bonne et rapide besogne. Merci du fond du cœur. »

D'un officier :

« Prie Monseigneur l'Évêque de Tulle de daigner agréer l'hommage de son profond respect, et unit ses applaudissements à ceux dont a retenti la cathédrale de Tulle. »

D'un catholique du Cantal :

« Du cœur de nos montagnes, où les événements de Tulle n'ont été bien connus que ce matin, que ce petit papier vienne apporter aux pieds de Votre Grandeur l'écho de nos vigoureux applaudissements et l'expression la mieux sentie de notre entier dévoûment. »

D'un ancien Président de Chambre :

« Quel régime que celui accepté, subi par notre bonne France, acceptant sans murmurer la forme de gouvernement, imposée par Bismark au dire d'Arnim, et, de plus en plus chaque jour, confiant ses destinées à des hommes tels que M. le Maire de Tulle ! Quel *Parce Domine* mieux justifié !!! »

D'un officier de marine :

« J'aurai baisé la trace de vos pas, Monseigneur, si vous aviez dit à la foule « En avant ! »

D'un docteur en médecine :

« Merci ! mille fois merci ! pour cette parole vraiment digne des Basile, des Chrysostome, des Ambroise, des Tertullien et de tous les défenseurs de la foi, par laquelle vous avez si fièrement vengé les consciences catholiques. La *peste maçonnique*, meurtrière des âmes, est, en effet, et nùl ne l'avait mieux dit, bien autrement délétère que les pestes et fléaux qui ravagent l'homme dans son corps seulement. »

APPENDICE

LA LUNADE

OU

SOLENNITÉ DU CÉLÈBRE

Vœu de la Ville de Tulle

FAIT EN L'HONNEUR DU GRAND SAINT JEAN-BAPTISTE

L'AN 1340

Nascenti ex sterili Elizabeth, Zachariæ puero magno, hominum à Christo majori, prophetarum omnium maximo, Messiæ Præcursori sanctissimo, Tutelensium liberatori Divo Joanni Baptistæ ex voto solemni anno millesimo trecentesimo quadragesimo, pro provinciâ publicè facto dicata et sancita

LUNARIS POMPA.

Undè quotannis exultant in albis cives urbis à peste, fame et bello liberatæ.

ÆTERNUM MONUMENTUM.

Vovete et reddite.

A celui qui naît d'Elisabeth jusqu'alors stérile, au fils illustre de Zacharie, à celui que le Christ proclame le plus grand des hommes, au plus grand de tous les prophètes, au très saint Précurseur du Messie, au libérateur de Tulle, au divin Jean-Baptiste, d'après le vœu solennel publiquement fait pour la province en l'an 1340, est dédiée et à jamais consacrée

LA SOLENNITÉ DE LA LUNADE.

De là tous les ans, les citoyens de la ville de Tulle, délivrée de la peste, de la famine et de la guerre, se livrent en habits blancs aux transports d'une sainte joie.

C'EST UN MONUMENT ÉTERNEL.

Faites des vœux et les accomplissez.

Peste, fame et bello premitur Tutela; Joannes,
Trinum tolle malum, gaudia, trina dabis.

Cause du vœu de la Lunade. — Dévote image de saint Jean-Baptiste. — Piété des Tullistes pour saint Jean-Baptiste. — Explication du mot « Lunade ».

Le vœu de la Lunade fut fait en l'honneur du grand saint Jean-Baptiste, l'an 1340, à cause de la peste, de la famine et de la guerre qui ravageaient le Limousin. En conséquence duquel, la veille de la Nativité de saint Jean-Baptiste, après avoir le matin célébré la messe en haut à son autel, et chanté dans le chœur les premières vêpres, l'on doit faire à sept heures du soir, dans l'église cathédrale de Tulle, chaque année et à perpétuité, une procession très solennelle avec toute sorte de joie, de pompe et de solennité : *Buccinate in neomenia tubâ in insigni die solemnitatis vestræ.* (Psalm. LXXX.)

Ce Vœu fut si agréable à Dieu, présenté par les mains de saint Jean-Baptiste, son grand ami, que tout incontinent il fut exaucé.

Voici en quels termes se trouve écrit ce Vœu sur les anciens parchemins :

« L'an millo tres cent quarante, en lo citat et villo de Tullo, et en tout lo part olentour avia granda aversitat, tant de guerra, de famina, qué dé mortalitat, et fut avisa et ordonnat per los prud'-hommes et devots de lad. citat, una solennitat et confraria o l'honnour de Diu, de Nostra-Dama et de monseignour st. Jean-Baptista, chacun an el Moustié de Tulo, ofin qué monseignour st. Jean-Baptista fut intercesour de lous preserva de lodita adversitat, et incontinent qu'oguerou commençat ladita festa, laditat citat et pays tournèrou en grando prospéritat per lo intercessiou de monseignour st. Jean. »

Une des plus grandes marques de la piété des Tullistes envers le grand saint Jean-Baptiste, c'est qu'ils lui ont consacré dans la cathédrale de Saint-Martin, qui est bâtie au milieu de la ville, la première chapelle après le maître-autel, dans laquelle ils ont placé au-devant d'une belle niche, dont les piliers sont semblables au porphyre, sa dévote image faite en bosse qui est très sainte à raison des reliques qu'elle contient au-devant sa poitrine dans une boëte d'argent, au-dessus de laquelle il y a un agneau en figure dorée.

Cette image est fort aimable, ayant un visage gai, riant et gracieux, et en un mot, un vrai visage de prophète. Elle est accompagnée à main droite d'une autre niche de semblable fabrique. Là où il y a un image de la sainte Vierge Marie, mère de Jésus, et au milieu de la chapelle se trouve une autre niche qui contient un précieux dépôt d'une belle châsse, où sont les reliques et presque tout le corps de saint Lyphard, confesseur. Par-dessus, en la vitre de ladite chapelle, il y a deux tableaux du même saint Jean, dont l'un est représenté couvert d'une peau de chameau, prêchant au désert à une multitude de peuple ; l'autre tient en main un livre, et sur ce livre un agneau ; *Ecce Agnus Dei.*

Ils lui ont en outre consacré le premier jour de la semaine. Tous les lundis, immédiatement après les Laudes on chante une messe en haut, avec diacre et sous-diacre, avec nombre de chandelles. Elle est officiée par le maître de musique et ses enfants de chœur. Ils ont aussi fait une cloche nommée Saint-Jean, qui est dans la grand clocher, qui fait partie du grand carillon de Tulle, lequel, à cause de son harmonie, passe pour un des plus beaux de la France.

Or, pour savoir si les messieurs de Tulle ont pris et choisi saint Jean, pour tutélaire et défenseur de leur ville, il n'y a qu'à considérer qu'ils ont fait d'autres niches où ils ont mis l'image de saint Jean à l'entrée et sur le portail de leurs faux-bourgs, comme en la porte de Saint-Jean à la Barrière, en la porte Saint-Jean-d'Alverges, en la porte Saint-Jean de la Rivière, en la porte Saint-Jean-de-la-Bassie : *Ubique Joannes.*

Il faut aussi se souvenir et remarquer que, la veille de la Nativité de saint Jean-Baptiste, la procession de la Lunade passe dans les bois des environs de Tulle, en mémoire de ce que Jean a sanctifié le désert en y habitant presque toute la vie, et que le *tour* qu'on fait en ces bois ressemble à un croissant de lune, ce qui fait appeler avec raison cette solennité *la Lunade.*

Il faut aussi remarquer, qu'en faisant le vœu l'on a invoqué conjointement avec saint-Jean, la Vierge Marie, qui est cette mystique et belle lune, *pulchra ut luna,* et qui dans nos adversités, nous a communiqué les influences de la miséricorde de Dieu, et par cette raison, c'est une Lunade mystique.

Disons encore pertinemment qu'on peut nommer ce Vœu solennel ou cette amende et pénitence publique *la Lunade,* à cause de la grande quantité de luminaires (en limosin, luns) que les habitants de Tulle allumaient anciennement, et que quelques-uns allument encore aux fenêtres lorsque la vénérable image de saint Jean est rapportée de la procession et qu'elle est reçue dans la ville avec tant d'honneur, que les rues sont pleines de feux de joie, de feux d'artifice, de concerts de musique et autres réjouissantes cérémonles ; mais c'est surtout en la Cathédrale que l'on fait des merveilles.

Les pères récollets eux-mêmes contribuent à la joie commune dans leur couvent. Ils font un feu de joie dans leur jardin, lorsque la procession de saint Jean passe à la chapelle des Malades, qui est hors de la ville et vis-à-vis de leur couvent.

Les religieuses de Sainte-Claire voyant passer la procession, font tous les ans un feu d'artifice à leur clocher qui est fort haut. Au monastère de Sainte-Ursule, les dames religieuses reçoivent avec joie et vénération la sainte image du grand précurseur, sur une table en forme d'autel couverte de nappes et de cierges allumés, qu'elles font dresser tous les ans à cette intention devant le grand portail de leur couvent où passe la procession. Elles font reposer sur cet autel la sainte image de saint Jean, à laquelle, dans une extrême joie et dévotion, elles vont rendre leurs inclinations, leurs honneurs et leurs vœux.

Madame l'abbesse de Saint-Bernard a tous les ans le crédit de faire porter la sainte image de saint Jean dans son couvent pour lui faire honneur. Après sa dévotion faite, elle lui fait présent d'une robe de soie.

Des oratoires ou chapelles qui servent de stations à la procession de la Lunade.

Il faut encore remarquer que, dans le chemin, par où passe la procession de la Lunade, il y a sept oratoires ou chapelles où se font les sept stations principales.

Dans la plupart de ces chapelles se trouve d'un côté l'image de la Vierge, mère de Dieu, et de l'autre celle de saint Jean, ce qui est très conforme à la nature du vœu fait à Dieu, en vénération de la Vierge, exaucé par l'intercession du grand Baptiste. Les *trois* chapelles sont bien ornées, on y dit la sainte messe. Chacune a sa cloche, les autres oratoires ont tous une haute croix plantée sur l'autel, le tout de pierre pour mieux en conserver la mémoire. Le premier oratoire est nommé *Saint-Jean* ; il est bâti sur un petit coteau regardant la ville et est appelé par quelques uns le *Petit Calvaire* ; le second est nommé de *la Malaurie*, le troisième de *Breyge* ; le quatrième de *la Bachelerie*. En ce beau jour, ces oratoires sont couverts, les uns de feuillages et rameaux en forme de tente, les autres sont chargés et remplis d'herbes odorifiantes ou de cammomiles et autres fleurs. En quoi il semble que le peuple veuille imiter l'Eglise, qui dit dans l'oraison de la messe de ce jour, appelée *Secrète : Tua Domine muneribus altaria cumulamus, illius nativitam honore debilo celebrantes*, etc. C'est sur les autels de ces oratoires qu'on pose l'image de saint Jean quand on fait les stations.

Vous considérerez ensuite qu'il y a sept oratoires en la Lunade par rapport aux sept lettres qui composent le mot *Joannes*, et que le nombre *sept* est fort mystérieux pour plusieurs raisons :

Premièrement, parce qu'il y a sept sacrements, sept dons du saint Esprit, sept Allégresses de la Vierge mère de Jésus et que Dieu se reposa le septième jour après avoir créé le ciel et la terre.

Secondement, le nombre de sept est mystérieux d'autant qu'il y a sept Œuvres de miséricorde spirituelles, autant de corporelles, et que Jésus-Christ mourant en croix ne prononça que sept paroles, qui sont autant d'oracles divins, comme sont : *Silio, consummatum est*, etc.

Troisièmement, le nombre de sept est plein de mystères, parce qu'il est dit dans l'Apocalypse de saint Jean que le Verbe divin, se promenant au milieu de sept chandeliers d'or, tient en sa main droite sept étoiles, ayant au-devant de son trône sept esprits ou sept anges appelés, par saint Jean, les sept lampes ardentes ou bien les sept yeux de l'agneau occis, qui seul a été trouvé digne d'ouvrir le livre des secrets de Dieu, *et solvere septem signacula ejus*.

Que si le juste pèche sept fois le jour, à raison de quoi David a composé les sept psaumes pénitentiaux, qui sont autant d'actes de douleur, et que, si tout roi qu'il était il faisait sept fois prière à Dieu dans la journée, *Septies in die laudem dixi tibi*, aussi dans cette pensée toute la ville de Tulle fait et doit faire en cet heureux jour sa prière aux sept oratoires de la Lunade et conclure au dernier comme on fait à la dernière pétition du *Pater* (*libera nos a malo*) d'être préservée à l'avenir des maux desquels elle fut délivrée anciennement par l'intercession de saint Jean. D'où s'en suit que très saintement a été instituée la dévotion de *la Lunade*.

Ordre et cérémonial de la procession et des stations.

D'abord ce sont les hommes qui sortent hors de l'église Cathédrale, ayant chacun un grand cierge de cire, marqué de l'écusson de saint Jean. Les confrères de l'Assomption-Notre-Dame, de Notre-Dame-du-Chapitre, de Saint-Jacques-le-Grand, de Saint-Roch, voulant contribuer de leur côté à l'honneur de saint Jean, fournissent chacun six gros cierges de cire marqués de leurs armes sur écusson, lesquels se joignant aux autres font le nombre de cinquante ou soixante cierges. A raison de leur pesanteur, ils sont portés par autant d'hommes avec les deux bras et sont soutenus par le pied avec des écharpes de cuir, étant allumés à quatre mèches et garnis de verdure ou de fleurs ; ils s'avancent deux à deux au-devant de la procession. Après viennent quatre porte-flambeaux qui sont élevés dans l'air sur des bâtons garnis d'un écusson de saint Jean et entortillés d'une couronne de bois bigarrée d'autres couleurs. L'on voit après ces grands cierges et flambeaux une bande de hautbois sonnant *Ut queant laxis*.

Ils sont accompagnés d'un bel étendard de saint Jean-Baptiste et d'une trompette. Tout incontinent, l'on voit paraître une grande croix garnie d'un grand crucifix, couverte d'une toile d'argent fin qui lui sert d'écharpe, et portée par un des Messieurs des Pénitents gris, lesquels, en nombre de deux-cents à tout le moins, marchent en procession deux à deux en bel ordre, ayant en main chacun une chandelle allumée et suivis de leurs confréresses pénitentes.

On sort par ordre avec modestie, disant l'hymne joyeux : *Ut queant laxis*, que l'on continue en le répétant jusqu'à la chapelle de Notre-Dame d'Alverges.

Cependant, la dévote image de saint Jean attachée avec deux crampons de fer sur un berceau à deux bras fait exprès, est portée devant la croix d'argent du Chapitre sur les épaules de deux hommes à jeun comme il s'est pratiqué jusqu'à présent. Ces porteurs sont revêtus d'aubes blanches jusqu'aux talons, liés de ceinture, pieds nus, tête nue et entourée d'une guirlande de cire en forme de couronne, en signe de trophée et triomphe avec une grande et très respectueuse dévotion. De là vient que, suivant la tradition de père à fils, quelques hommes vieux et plusieurs jeunes garçons et enfants en grand nombre ont gardé jusqu'à présent la sainte et louable coutume d'aller à la Lunade en aube bien fine et blanche, ceints de ceinture, pieds nus, tête nue, portant pardessus leur habit blanc de grands chaperons de fleurs de camomille en forme d'écharpe, qui vont du dessus d'une épaule au-dessous de l'autre. Les uns ont une guirlande de cire sur leur tête, les autres ayant une couronne de fleurs et tenant chacun en main des lys, marchent au-devant de la procession du Chapitre, deux à deux, en chantant à leur mode et à qui mieux mieux : *Ut queant laxis*. Et c'est ici qu'en voyant cette troupe d'innocents bien mis, habillés de blanc, semblables à de petits anges, on ne peut s'empêcher de sentir un intérieur tressaillement de joie : *Multi in nativitate ejus gaudebunt*. Aussi sont-ils les prémices de la joie, la figure de l'innocence et le symbole de la pureté angélique de saint Jean.

Candidior nive cum liliis jubilans turma procedit.

De même aussi plusieurs femmes dévotes, suivant la tradition de mère à fille, vont à la Lunade pieds nus, portent en forme de corde des ceintures d'herbe, dont quelques-unes sont entrelacées de fleurs et ont en tête des guirlandes de cire, le chapelet en main, gardant un exact silence : le tout se faisant par un esprit de mortification et d'une pénitence publique ou d'amende honorable qu'on fait à Dieu.

Dès que l'image de saint Jean est hors de l'église, elle doit être saluée du haut du grand clocher et des tourelles d'icelui à grands coups de mousquet en grand nombre et par diverses fois, dans toute sorte de révérence et de reconnaissance. En même temps les cloches sonnent un joyeux et gracieux carillon et tout incontinent la sainte image est environnée de toutes parts par la foule du peuple passant et repassant au-dessous, dans la foi que saint Jean guérit la douleur de tête, comme on l'a souvent expérimenté. Les uns le baisent, les autres l'embrassent, quelques-uns ne pouvant s'approcher à cause de la foule, allongent leurs bras pour le toucher du bout de leur chapeau, baisant après le chapeau au même endroit qu'il a touché la sainte image. De ceux-là l'on peut dire ce que J.-C. disait à la Chananéenne : *O mulier, magna est fides tua*, O peuple, que ta foi est grande !

Je sais qu'il est arrivé en ce siècle qu'une personne accablée du mal caduc tomba dans la sainte chapelle de saint Jean, en écumant par la bouche, et qu'on s'avisa de faire descendre la sainte image de saint Jean pour l'appliquer sur le corps affligé. Tout d'abord cette personne se leva sans aucun mal. Il est vrai qu'elle était venue en cette sainte chapelle par dévotion, et que cette sainte image peut avoir cette vertu à cause des saintes reliques qu'elle contient du même saint.

Je me souviens encore, que lorsque j'avais charge en cette église de recevoir les serments qui, en ce temps-là, étaient déférés presque toujours devant saint Jean, j'ai vu périr et sécher sur la terre des personnes qu'on disait avoir juré à faux. Ceci soit dit en passant pour faire connaître le pouvoir de ce grand saint.

Revenons à la sainte Lunade, et disons que la grande foule de peuple qui environne saint Jean à la sortie de l'église le suit partout, et surtout lorsqu'on le pose sur les oratoires de la Lunade. Disons aussi qu'on a vu souvent une si grande dévotion, que dans la presse on élevait de terre les porteurs quoique robustes.

Après la sainte image suit le porte-croix du Chapitre, et après les membres du clergé qui s'avancent par ordre, deux à deux, vient le roi de la fête, ayant au bras gauche son chaperon de fleurs et en l'autre main une chandelle allumée et étant accompagné de violons jouant *Ut queant laxis*. Après le roi suivent les scindics, les confrères, et les confréresses ayant en main une chandelle allumée, puis le reste du peuple.

Alors les rues sont embrasées par la multitude des feux de joie qu'on allume partout où la procession passe. Les fenêtres de la ville et des faux-bourgs, même aux paroisses circonvoisines, sont toutes tapissées de rameaux de noyer fraichement coupés en signe de joie, de paix et d'onction de miséricorde.

Ceci s'observe tous les ans ponctuellement par toute sorte de personnes, tant pauvres que riches. C'est avec raison, car l'huile provenant de noix et de noyer ne signifie que paix et onction : *Effudit Samuel lenticulam olei super Saül.* Enfin, par toute la ville et lieux adjacents, tout y ressent la joie, la paix, et la grande solennité.

Quand on a parcouru les sept stations après y avoir fait un arrêt convenable, on rentre dans la ville. MM. les prêtres qui ont assisté à la procession de la Lunade de saint Jean allument chacun leur chandelle, aussi bien que les pénitents gris qui sont au-devant. Les uns et les autres marchent vers la ville, deux à deux, et pour lors les choristes entonneront les cantiques de la Vierge Marie. *Magnificat*, ensuite celui de Zacharie, père de saint Jean-Baptiste, *Benedictus*, du sixième ton, comme étant plus gai, qu'on peut répéter jusqu'à ce qu'on soit au bout du jardin des dames religieuses de Sainte-Ursule. Là, on recommencera l'hymne *Ut queant laxis*, qu'on chantera jusqu'au milieu du pont de l'Escurol. En cet endroit, au souvenir de ce que, par la sainte intercession du grand saint Jean, on fut délivré de trois grands fléaux, il y a trois cent quarante ans, l'on chante en action de grâces à Dieu le *Te Deum* en musique, qu'on doit continuer jusque dans l'église cathédrale finissant par où 'on a commencé.

Cependant tout est prêt pour reconnaître le divin précurseur. On n'en saurait trop faire ; aussi n'y a-t-il rien d'épargné : car tandis que toutes les cloches de Saint-Martin de la cathédrale sonnent un beau et musical carillon, les mousquets en grand nombre, avec les pièces d'artillerie de la ville, font retentir jusque dans les nues leurs tonnerres de paix. Les fusées volent en l'air comme des serpents de feu, et s'étant élevées fort haut, vomissent en finissant, qui les trois, qui les quatre, qui les cinq bouillons de feu clair et retombent en bas, tantôt sur les toits des maisons, tantôt dans les rues, comme si c'était des étoiles errantes. Quand on licencie ces fusées, c'est très beau à la vue : car, quelquefois on n'en envoie qu'une, quelquefois six, sept à la fois, qui font toutes différents effets, aussi bien que différents chemins.

Les feux d'artifice font à leur tour leur éclat et leurs coups prolongés réjouissent la vue et l'ouïe tout à la fois ; enfin tout y est admirable.

Les flûtes, les fifres, les tambours, les hautbois, les trompettes et les clairons qui sont aux tourelles du grand clocher font unanimement une harmonie douce à l'ouïe que vous diriez que c'est un concert d'anges suspendus en l'air.

La grande quantité des feux de joie dont les rues sont toutes pavées, le grand nombre de gros cierges qu'on porte au devant des processions, les chandelles des prêtres et pénitents, les luminaires qui sont aux fenêtres des habitants, les luminaires des confrères qui suivent après, avec une bande de violons jouant *Ut quant laxis*, tout cela joint avec les flambeaux qui sont à la pyramide du clocher et dont le nombre ne se peut compter, fait un jour si beau et si clair dans les rues, qu'il semble que le soleil soit remonté de son occident pour éclairer au divin et très aimable précurseur.

Enfin les maisons toutes pleines de lys au-dedans et de verts feuillages par dehors, toutes choses enfin ne ressentent que la joie et le triomphe d'une grande solennité.

Comment est célébré le grand jour de la naissance de saint Jean-Baptiste.

Dès la veille du grand jour de la naissance de Saint Jean-Baptiste, les habitants de Tulle et principalement les confrères se disposent à célébrer sa sainte fête, à faire leur dévotion en assistant aux offices que Messieurs du Chapitre font dans leur église très solennellement en ce saint jour ; il y a procession, grand'messe et vêpres en musique ; on prie le grand saint Jean qu'il lui plaise nous continuer toujours sa sainte protection jusqu'à la fin des siècles. Amen.

A l'exemple de la cathédrale, messieurs les pénitents blancs de Tulle ont dédié leur église à saint Jean-Baptiste et l'ont pris pour patron de leur illustre compagnie. A l'exemple de la ville de Tulle, la ville de Brive, d'Ussel, de Treignac et de Laguenne ont érigé des compagnies de pénitents blancs sous le titre de saint Jean-Baptiste qu'elles ont pris pour patron. Les paroisses de Naves, Chamboulive et autres l'ont élu pour titulaire et ont fait des confréries en son honneur.

La chapelle de Lascombas, dans la paroisse de Seilhac, celle de Saint-Jean-de-Bort, dans Saint-Salvadour, celle d'Endersas, à Saint-

Hilaire, celle de Puydenoux, à Del-Chastang, ont été bâties à son honneur et gloire. C'est ainsi que le peuple du Bas-Limousin, par sa dévotion empressée, marque tous les ans la reconnaissance qu'on doit à un si grand libérateur de la province.

Le grand jour de la naissance de saint Jean venu, on entend à Tulle, dès le matin, sonner la cloche de MM. les pénitents blancs qui s'assemblent en leur église avec leurs confréresses pénitentes, pour aller tous ensemble faire le tour de la Lunade. Ils forment un beau corps de procession au-devant de laquelle il y a cinquante ou soixante enfants d'ordinaire bien mis, couverts de rubans et habillés de blanc qui, deux à deux, vont à la Lunade, tenant en main des lys ou autres fleurs et chantant à l'envi : *Ut queant laxis.*

Après cette troupe blanche d'innocents vient une grande croix, garnie d'un beau et dévôt crucifix qui est couvert d'une belle toile d'argent fin. Cette croix est portée par l'un de MM. les pénitents blancs, lequel marche pieds nus avec une grande dévotion.

Les autres pénitents suivent après deux à deux, pieds nus pour la plupart, en nombre de plus de cent quatre-vingt ; ils portent en main une chandelle allumée, et tous couverts d'un sac et d'un capuchon de toile bien fine et blanche comme albâtre ; quelques-uns portent par dévotion particulière qu'ils ont à saint Jean un petit écusson du même saint, attaché sur les épaules. Tous vont en si bel ordre et piété qu'à les voir on est touché de dévotion ; ils sont accompagnés des pénitentes, leurs confréresses, qui les suivent avec des chandelles allumées à la main, et ils se rendent à l'église cathédrale, pour faire la gremière station dans la chapelle saint Jean.

Pendant qu'ils sortent de l'église cathédrale et quand ils y entrent, le grand carillon sonne et leur procession est saluée du haut du clocher par un certain nombre de coups de mousqueterie sans compter les fusées qu'on envoie dans l'air à leur départ, et les feux de joie qui ne manquent pas ; quand ils passent à l'Aubarède en revenant de la Lunade, il y a un grand nombre de spectateurs, tant habitants qu'étrangers, qui sont tous bien édifiés et consolés de les avoir vus.

Aussitôt après que MM, les pénitents blancs ont passé, MM. les chanoines de l'église Saint-Martin sortent en corps, à dix heures du matin, pour faire leur procession tout autour de la ville où la sainte image de saint Jean est encore portée dans une continuation de joie par deux prêtres revêtus de surplis. Cette procession est composée des prêtres de la communauté de Saint-Pierre, et de celle de Saint-Julien, qui vont au-devant du Chapitre, précédés d'un grand nombre de gros cierges portés par des hommes, de quatre porte-flambeaux, d'un porte-enseigne et d'une troupe de hautbois qui chantent *Ut queant laxis*.

En cette procession l'on porte la très belle croix de cristal qu'on porte aussi en celle de la Fête-Dieu, *privilegium Joannis est*, c'est un privilège pour le grand ami de Dieu, saint Jean-Baptiste. Le cristal, qui est transparent, est une figure de la grande gloire que saint Jean possède dans les Cieux. Cette belle procession se termine par une bande de violons qui jouent fort doucement *Ut queant laxis*; le roi de la fête vient après avec son chaperon de fleurs au bras, la chandelle en main, accompagné des scindics et d'un grand nombre de confrères et confréresses, ayant aussi chandelles en main, et du peuple de l'un et de l'autre sexe. Pendant ce temps le grand carillon se fait entendre du haut du clocher, et les trompettes sonnant dans les rues, renouvellent la joie au grand contentement des petits et des grands; après cela on dit une messe haute pour la confrérie, au maître-autel; elle est officiée en musique, avec diacre, sous-diacre et tout le bas chœur.

Enfin cette grande solennité s'achève aux secondes vêpres, que l'on chante en musique très solennellement avec un concours admirable de peuple. Ensuite on va faire en la sainte chapelle la dernière station, où tout le corps du Chapitre avec encensoirs et quatre chappiers accompagne la sainte image qu'on transfère de sur le maître-autel pour la remettre dans sa niche. En y allant on chante *Ut queant laxis*. L'hymne achevé, le maître fait chanter un beau motet en musique.

En ce beau jour de saint Jean, on voit la plupart des femmes et des filles de la ville habillées de blanc en signe d'allégresse. Le lendemain on fait chanter en musique une messe de *Requiem* dans la chapelle de Saint-jean pour tous les confrères décédés et après on chante un *Libera me*.

(Extrait d'un opuscule imprimé à Tulle, en 1680, chez Jean Dalvy, imprimeur du clergé.)

TABLE

Avant-propos 5

Historique de l'interdiction des Processions à Tulle... 9

La « Lunade » à Tulle en 1896 21

Revue de la Presse 44

Appendice 69